MES RECETTES GOURMANDES ET HEALTHY

100 % Plaisir
0 % Culpabilité

MES RECETTES GOURMANDES ET HEALTHY

100 % Plaisir
0 % Culpabilité

Marcello Rocco

Photographies et stylisme
Amandine Honegger / Sylvie Rost

SOLAR
EDITIONS

SOMMAIRE

Si vous me suivez sur les réseaux sociaux, vous connaissez probablement déjà mon histoire et pourtant, vous ne savez pas encore tout. Ce livre est donc l'occasion de tout vous dire et de vous expliquer mon parcours. Déjà mon nom : Marcello. Je suis né en Italie et je suis arrivé en France en 2013 pour réaliser mes rêves : travailler honnêtement, être respecté et fonder une famille.

Alors que je n'avais pas de travail en Italie, j'ai immédiatement trouvé un travail en France. Après cette première étape, qui m'a apporté à la fois stabilité financière et force morale, je me suis attaqué à mon problème de surpoids : je pesais 104 kilos. Mon objectif : changer radicalement mon style de vie. Je me suis donc inscrit dans une salle de sport et parallèlement, pour améliorer mon hygiène de vie, j'ai consulté des forums Internet spécialisés et lu des études scientifiques. J'ai pas mal tâtonné, utilisé divers moyens comme un calculateur de macros, des jeûnes de temps en temps, et j'ai réussi à perdre 26 kilos.

Mon premier challenge – perdre du poids – étant réussi, j'ai décidé de partager mon expérience et d'aider ceux qui avaient aussi cet objectif. Et pour moi, il fallait que je le fasse en français et non dans ma langue maternelle, tout simplement car c'est la France qui m'a accueilli et qui m'a permis de devenir qui je suis. Mais créer FatSecretFrance ne fut pas simple.

Le défi était de taille, car quand je suis arrivé en France, je ne connaissais pas plus de cinq mots en français et je n'avais aucune formation. Je ne vous cache pas que j'ai galéré mais avec beaucoup de volonté, j'ai appris à gérer les soucis du quotidien et j'ai étudié le français. Puis surtout, j'ai eu le soutien inconditionnel de ma femme, toujours prête à m'aider à résoudre le moindre problème. Après la naissance de notre fils, je me suis totalement investi dans mon projet : j'ai obtenu mon diplôme de coach sportif et aujourd'hui je suis en formation BTS diététique.

J'étais donc prêt à me lancer dans l'aventure. Je voulais donner des conseils, partager mon expérience, apporter des idées de menus variés pour manger sainement avec comme objectif : se faire plaisir et en même temps perdre du poids. C'était ce que je voulais transmettre avec mon compte Instagram. Je ne vous cache pas qu'au début, j'ai pris cela plus comme un jeu et donc mon Instagram n'était pas très structuré. Puis j'ai pris conscience que beaucoup de monde me suivait. Ce n'est pas rien 50 k followers. Aussi j'ai abandonné un poste fixe pour me lancer à 100 % dans mon travail de coach et m'occuper à temps plein de mon compte Instagram.

Enfin, ultime bonheur, un jour j'ouvre ma boîte mail et je trouve un message de l'éditeur de ce livre. Je n'en croyais pas mes yeux, je pensais même que c'était une blague. J'ai donc demandé à ma femme de me confirmer que cela était vrai et de répondre pour moi, car j'en étais incapable : on me demandait de faire un livre et de partager avec vous, lecteurs, mes recettes, mes astuces, mes idées...

Grâce à ce livre, je souhaite que vous vous retrouviez dans mon parcours, que vous réussissiez à atteindre votre objectif, perdre du poids, améliorer votre alimentation tout en continuant à vous faire plaisir.

Merci pour tout ! Pour me suivre au quotidien, pour avoir acheté ce livre et me soutenir dans mon aventure.

Marcello

L'ALIMENTATION

Tout d'abord, il faut bien différencier l'alimentation et la nutrition.

L'alimentation, c'est ingérer de la nourriture pour fournir à l'organisme ses besoins nutritionnels, lui apporter l'énergie nécessaire à son développement. Il y a deux types d'organismes : les autotrophes (ils se développent uniquement à partir d'éléments minéraux) et les hétérotrophes (ils ont besoin, pour élaborer leur propre matière organique, de matières organiques élaborées par d'autres organismes).

La nutrition regroupe l'ensemble des actions et processus par lesquels une cellule ou un organisme se nourrit, absorbe et utilise la nourriture ou les éléments nutritifs. C'est l'apport alimentaire répondant aux besoins de l'organisme. La nutrition concerne tous les phénomènes biologiques d'assimilation et de dégradation des aliments qui ont lieu dans l'organisme.

Mais ne vous inquiétez pas, ce livre ne se veut pas scientifique. Si vous souhaitez approfondir ces notions, il existe dans ce domaine bien d'autres ouvrages. Ce que je veux, c'est que vous compreniez certains mécanismes et que cela vous aide à mieux manger, selon vos besoins et vos envies.

Que diriez-vous tout simplement de perdre du poids sans dire adieu aux aliments que vous aimez ? Vous pensez que c'est impossible ? Vous avez tort.

Au contraire, c'est totalement VRAI.

Je ne vous cache pas que j'étais exactement comme vous : j'avais ma belle liste d'aliments à exclure, de ceux à privilégier mais sans comprendre pourquoi. Aujourd'hui, je continue à étudier, à suivre des formations en nutrition et je veux vous transmettre ce que j'ai appris. Et l'infographie est l'outil que j'ai choisi, car il permet de transcrire simplement des informations complexes.

Mon but est que, grâce à mes conseils et à mes recettes, vous puissiez améliorer votre hygiène de vie, comprendre ce qu'est une bonne alimentation et avoir un rapport sain avec la nourriture.

Mais tout d'abord laissez-moi vous expliquer ce que signifie pour moi « bien manger sans culpabilité ».

Bien manger sans culpabilité

Étant donné que je suis « FatSecret », je sais exactement ce que je mange mais ce n'est pas pour cela que je me prive de tout. Il faut dépasser ce que nous avons appris comme par exemple qu'il est bon de manger 5 fruits et légumes par jour ou de manger des viandes maigres. Manger doit rester avant tout un plaisir. Et c'est le plaisir qui guide mes choix dans mon alimentation. Et ce d'autant plus que la nourriture est aussi un lien social, car souvent on ne mange pas seul, mais en famille, entre amis ou collègues.

Mais tout d'abord quand on parle d'alimentation saine, on pense d'abord au besoin physique de se nourrir, donc en d'autres termes, il nous faut combler les besoins de notre corps en divers nutriments et en énergie. Une alimentation équilibrée nous apporte les protéines, les lipides, les glucides (macronutriments), les fibres ainsi que les vitamines et minéraux (micronutriments) nécessaires au bon fonctionnement de notre corps.

Les macronutriments

Ce sont les glucides, les lipides et les protéines.

Ils fournissent l'énergie nécessaire à l'organisme pour fonctionner, énergie calculée généralement en calories et/ou en joules. Pour référence, 1 gramme de glucide/protéine correspond à 4 kcal (17 kJ) et 1 gramme de lipide à 9 kcal (38 kJ).

Mais ils ont d'autres rôles dans notre corps, notamment au niveau structurel et fonctionnel.

Les glucides

Le rôle principal des glucides est énergétique. Les glucides sont dégradés pour devenir les plus petites molécules absorbables par l'organisme : glucose, fructose et galactose. Mais seul le glucose sera utilisé pour les besoins de l'organisme. Le surplus de glucose sera stocké sous forme de glycogène. Si le surplus est conséquent et que les stocks de glycogène sont saturés, alors le glucose sera transformé en gras.

Il existe deux familles principales de glucides :

Les glucides « simples » : ils sont directement assimilables par l'organisme. Ce sont les monosaccharides comme le glucose, le fructose, le galactose, ou encore les disaccharides comme le saccharose ou le lactose présent dans les fruits, le miel, le lait, le sucre de table…

Les glucides « complexes » : ils sont transformés en glucose lors de la digestion. Ce sont les polysaccharides, à savoir l'amidon (produits céréaliers,

légumes secs, pommes de terre), le glycogène et les fibres qui ne sont pas digérées par l'intestin (mais qui contribuent à la bonne santé de notre flore bactérienne présente dans le côlon, luttent contre la constipation, etc.).

Et tant que nous parlons des glucides, n'oublions pas de mentionner les pré- et probiotiques. Consommez-en régulièrement afin de contribuer à la santé de votre flore intestinale.

Les lipides

Dans l'organisme, les lipides jouent deux rôles majeurs : un rôle de stockage de l'énergie et un rôle structurel. Ils constituent la structure des membranes de nos cellules, et par là conditionnent leur bon fonctionnement (neurones, cerveau, thymus). Les lipides associés à des protéines forment une structure appelée lipoprotéine qui a pour rôle essentiel le transport des lipides mais aussi des vitamines liposolubles (A, D E et K). Ils sont essentiels à l'élaboration de certaines de nos hormones, comme les hormones sexuelles ou la vitamine D qui sont synthétisées à partir du cholestérol.

Les protéines

Leur rôle est triple :
- structurel : les protéines constituent les muscles (l'actine et la myosine qui sont impliquées dans la contraction musculaire), la peau (l'élastine), le tissu conjonctif (le collagène). Elles sont présentes dans la membrane des cellules mais aussi dans la cellule (support mécanique et fonctionnel à l'échelle cellulaire).
- fonctionnel : les enzymes, les hormones, les neurotransmetteurs, les anticorps sont des protéines ou des dérivés d'acides aminés.
- énergétique : les protéines sont utilisées en tant que source d'énergie lorsque l'apport en énergie est insuffisant. À savoir que 1 gramme de protéine apporte 4 kcal.

Les protéines permettent d'apporter les acides aminés essentiels que l'organisme est incapable de synthétiser ; il faut donc obligatoirement les retrouver dans l'alimentation.

Les micronutriments

Ce sont les vitamines, les minéraux et les oligo-éléments.

À la différence des macronutriments, les micronutriments ne contiennent pas de calories mais sont absolument essentiels pour le processus biochimique de l'organisme. Ils sont là notamment pour le renouvellement des cellules, l'élimination des toxines ou luttent contre le vieillissement.

Ils sont principalement contenus dans les fruits et les légumes frais.

Certains micronutriments sont dits « essentiels ». Cela veut dire qu'ils ne peuvent pas être synthétisés par l'organisme et doivent être amenés par l'alimentation. Une carence de certains aliments dits « essentiels » conduira inévitablement à des maladies cardio-vasculaires ou autres.

Les vitamines

On en distingue 13 classées en deux groupes :

Les vitamines hydrosolubles. Elles sont solubles dans l'eau, et par conséquent se dispersent dans les liquides de l'organisme, sans être stockées : ce facteur les rend très peu toxiques, puisque même en cas de surconsommation, elles sont évacuées dans les urines.
Ce sont la vitamine C et les vitamines du groupe B (B1, B2, B3 ou PP, B5, B6, B8, B9 et B12).
De manière générale, les vitamines hydrosolubles sont apportées en majorité par les fruits et légumes (qui sont gorgés d'eau). Les vitamines B sont des cofacteurs d'enzymes impliquées notamment dans la régulation du métabolisme des nutriments. La vitamine C est un antioxydant bien connu.

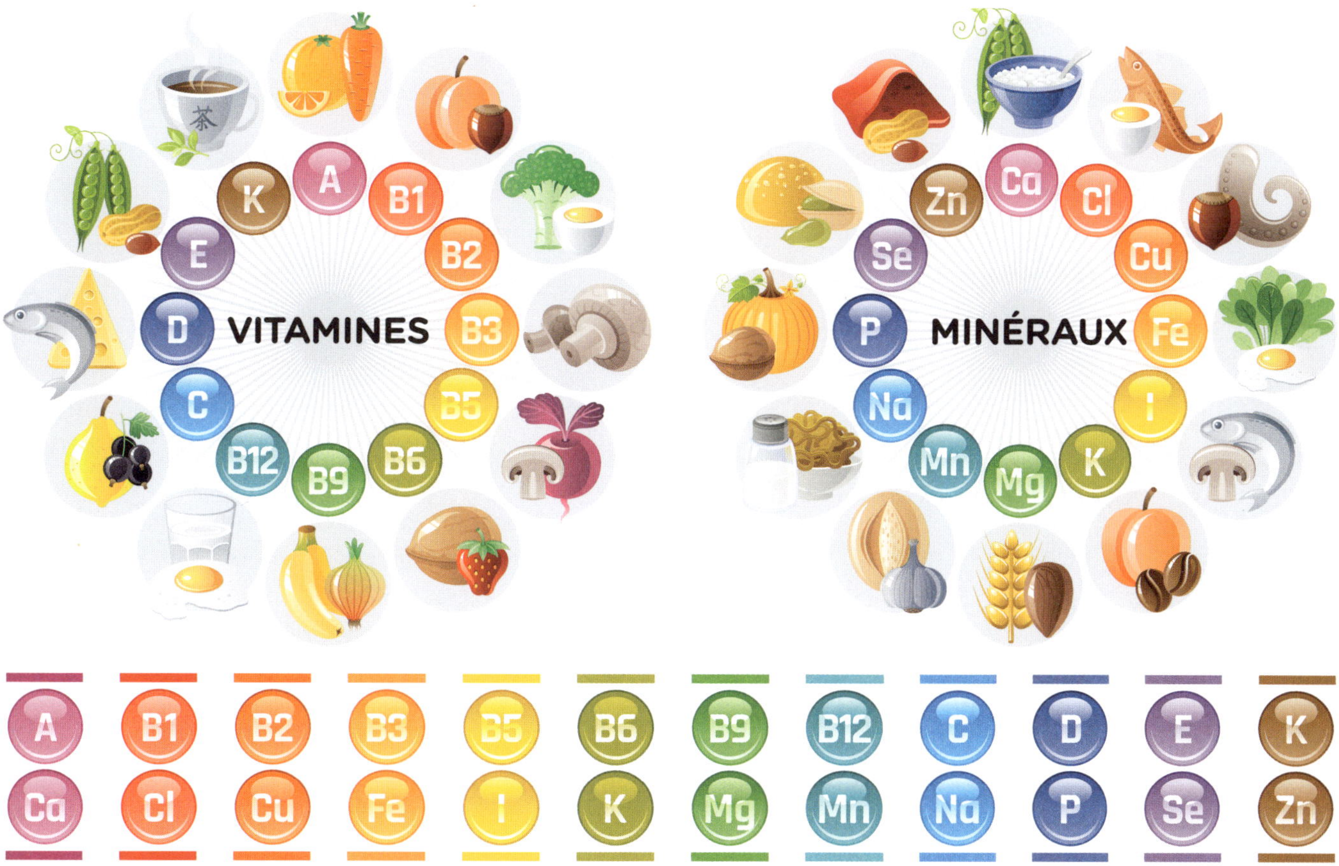

Les vitamines liposolubles. Elles sont quant à elles solubles dans les graisses et l'organisme peut les mettre en réserve.
Ce sont les vitamines A, D, E et K.
De manière générale, les vitamines liposolubles sont apportées par les lipides alimentaires (huiles, poissons gras, jaunes d'œufs, abats, foie, etc.), à l'exception de la vitamine D dont la seule source vraiment intéressante reste le soleil.
En outre, les vitamines A, C, E et le β-carotène (provitamine A) jouent le rôle d'antioxydants dans de nombreuses fonctions de l'organisme.

La vitamine D a de multiples rôles : santé osseuse et musculaire, réponse immunitaire, croissance et développement...

Les minéraux et les oligoéléments

Les minéraux majeurs

Ils sont appelés ainsi car ils exigent des apports supérieurs à 100 mg par jour et sont au nombre de sept : le calcium, le magnésium, le potassium, le phosphore, le soufre, le sodium et le chlore.
Ils sont très souvent des coenzymes, ce qui signifie que certaines enzymes ne peuvent pas fonc-

tionner sans la présence de ces minéraux. Leur rôle est vital.

Les oligoéléments

Ils sont appelés ainsi car on les trouve à l'état de traces, et qu'ils représentent ensemble moins de 15 g de la masse corporelle totale, on en dénombre quinze au total, parmi lesquels figurent principalement : le fer, le zinc, le cuivre, le fluor, l'iode, le chrome et le sélénium.

Ces substances proviennent obligatoirement de l'alimentation et les capacités de stockage de l'organisme sont très limitées : les apports doivent donc être réguliers.

La quantité et la qualité des macronutriments et des micronutriments varient considérablement, en fonction non seulement des types d'aliments que vous consommez, mais également de la qualité de ces aliments.

L'alimentation quotidienne a tendance à contenir plus de macronutriments que de micronutriments et ce sont des nutriments essentiels pour le corps humain.

Qu'en est-il des aliments à plus faible valeur nutritive ?

On a parfois tendance à les considérer comme de mauvais aliments, alors qu'ils sont importants parce qu'ils nous procurent du plaisir et nous permettent de garder le cap. Ils viennent combler un besoin psychologique relié à l'alimentation. Pour maintenir une saine relation avec la nourriture, et donc une saine alimentation, il faut se permettre de manger tous les aliments souhaités, et d'éviter de les catégoriser comme de « bons » ou de « mauvais aliments ». Pour en savoir davantage sur les impacts de catégoriser les aliments, je vous encourage à lire ce billet de ma collègue Karine Gravel.

« On ne peut parler d'alimentation sans parler du contexte dans lequel nous mangeons. Se réunir autour d'un repas savoureux nous permet de combler un besoin social tout en contribuant à la satisfaction que l'on retire de notre alimentation. Notre façon de cuisiner, de transmettre nos savoirs et nos savoir-faire, notre façon de partager un repas permettent de se bâtir une identité qui reflète nos traditions depuis plusieurs générations. Des épluchettes de maïs à la tourtière des fêtes, ces doux souvenirs qu'on associe à ces moments de partage, se reflètent aussi dans nos préférences pour les aliments que nous mangeons. »

L'environnement

Tous nos besoins sont grandement influencés par l'environnement dans lequel nous mangeons. Il peut être plus difficile de privilégier les aliments de bonne valeur nutritive lorsque ceux-ci sont difficilement accessibles (une faible disponibilité ou des coûts trop élevés). Cet environnement peut aussi influencer la satisfaction et le plaisir qui entoure un repas. Notre habileté à cuisiner et préparer des aliments savoureux peut nous permettre d'atteindre un sentiment de bien-être et de plaisir lorsque nous mangeons nos aliments préférés. Lorsque l'accès à des aliments qui répondent à nos préférences personnelles et culturelles est limité, le plaisir ressenti s'en trouve affecté. Le contexte social dans lequel nous mangeons peut également influencer notre façon de manger. Les gens qui nous entourent peuvent avoir un impact sur la qualité et la quantité d'aliments que l'on consomme. Par exemple, si nous déjeunons en compagnie de gens qui mangent plus que nous, nous risquons de dépasser notre point de rassasiement et de manger plus qu'à l'habitude.

Plaisir et culpabilité

Je vous parle de l'importance du plaisir relié à l'alimentation, mais parfois, ce plaisir entre en compétition avec la culpabilité. Lorsqu'on se prive de manger des aliments qu'on aime, le plaisir fait place à l'anxiété. On ne peut passer sous silence la pression des médias et des gens autour de nous qui valorisent une image corporelle parfaite qui ne correspond pas à la réalité. Cette pression sociale peut créer, chez certaines personnes, une préoccupation croissante quant à une alimentation saine et le désir d'être mince et en bonne santé. Pour ces personnes, le plaisir de manger est bien souvent en conflit avec un sentiment de culpabilité. La satisfaction que l'on retire de notre alimentation et notre relation avec la nourriture est alors affectée.

Et si bien manger dépassait le contenu de notre assiette ? Bien qu'il soit important d'adopter des habitudes de vie saines et une alimentation équilibrée, bien manger n'a pas comme seule finalité la santé. En tant que coach, j'ai parfois l'impression que les gens s'attendent à ce que mon assiette soit un modèle d'alimentation santé. Ce n'est pourtant pas ce que je tente de mettre en avant dans mon travail, et dans mon assiette au quotidien. Oui, je mange des fruits, des légumes et des produits céréaliers à grains entiers, mais aussi des chips, du chocolat et de la crème glacée quand j'en ai envie et j'ai du plaisir à savourer ces aliments qui, pour moi, font aussi partie d'une saine alimentation.

Et n'oubliez pas que changer ses habitudes de vie, c'est comme apprendre à faire du vélo, parfois on tombe, on se relève, on va plus loin et on retombe. C'est tout à fait normal. Les journées où ça va moins bien on se dit : « OK, aujourd'hui ce n'était pas super, mais je remonte à vélo et demain sera mieux. » Soyez positif en vous disant que tous les petits changements que vous faites comptent et c'est en avançant à petits pas qu'on finit par gravir la montagne !

MES CONSEILS

1. Hydratez-vous

Lorsqu'il fait chaud, il est naturel et nécessaire de boire de l'eau, mais qu'en est-il en hiver ? Faut-il boire autant qu'en été ? Notre corps a en fait besoin d'un apport d'eau régulier toute l'année pour assurer le bon fonctionnement de notre organisme, donc peu importe le temps ou la saison.

L'importance de l'eau dans le corps humain

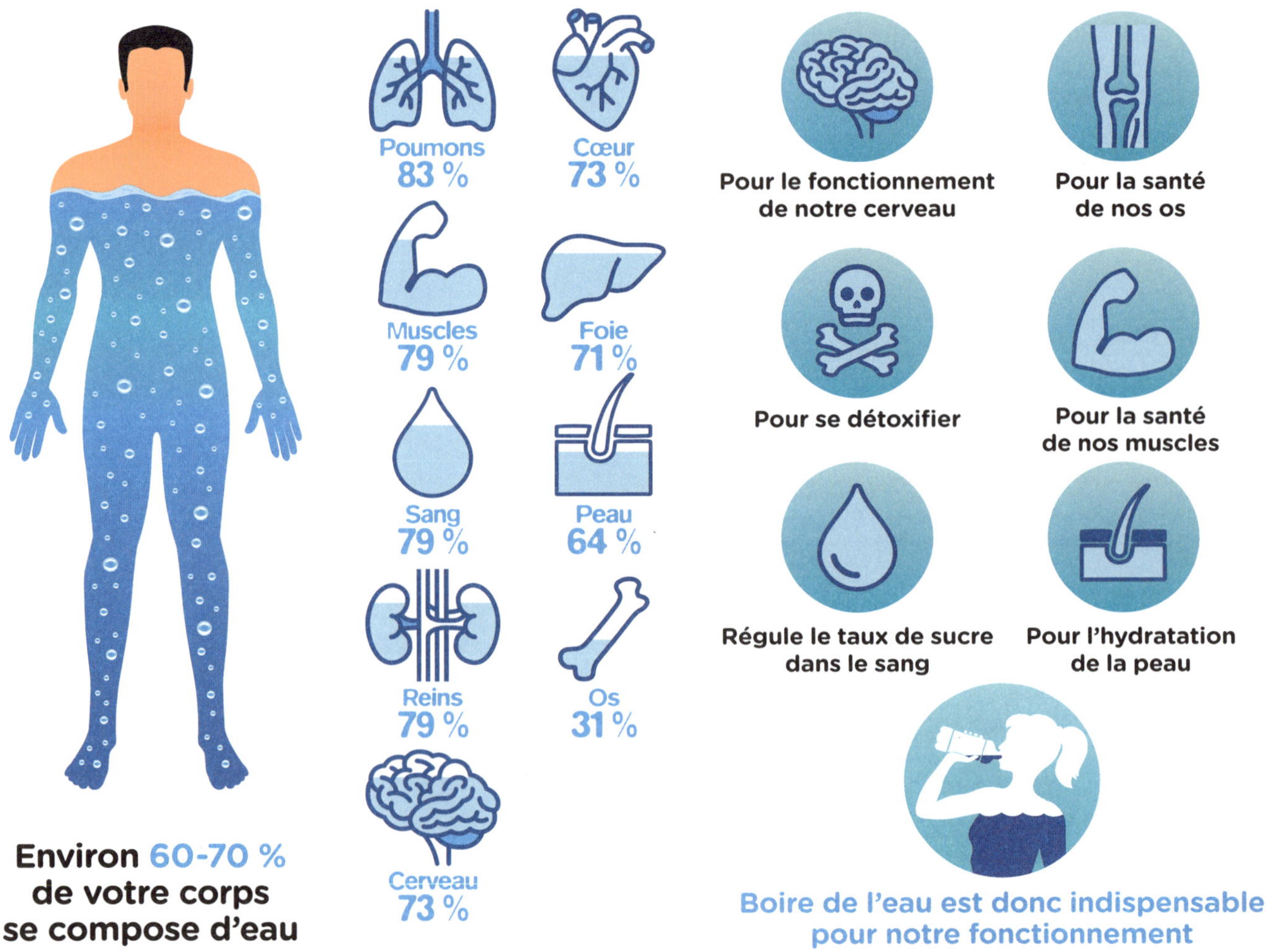

Comment boire plus d'eau au quotidien

10 × 200 ml = 2 l

8 idées d'eau aromatisée

Eau
Citron vert
Menthe

Eau
Orange
Myrtilles

Eau
Citron
Cerises

Eau
Kiwi
Fraises

Eau
Citron
Concombre

Eau
Framboises
Citron

Eau
Citron
Kiwi
Baies

Eau
Pastèque
Menthe

Les aliments les plus riches en eau

97 %
Concombre

95,8 %
Laitue

95,4 %
Radis

95,3 %
Céleri

94,6 %
Tomate

94,1 %
Courgette

93,8 %
Poivron vert

93,2 %
Navet

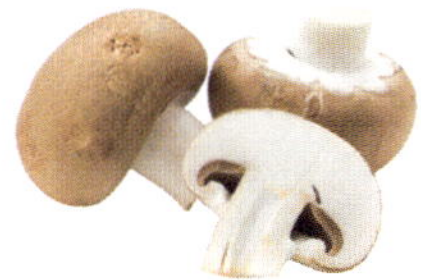

93,2 %
Champignon

93,2 %
Bette

91,6 %
Fraise

91,4 %
Carambole

91,1 %
Melon

91,1 %
Pastèque

89,8 %
Pomelo

89,2 %
Citron

88 %
Pêche

87,9 %
Groseille

87,8 %
Nectarine

87,7 %
Papaye

2. Faites le plein de légumes et de fruits

Les légumes et les fruits regorgent de nutriments et de fibres ; dégustez-en donc une grande variété. Si vous ne mangez pas beaucoup de légumes, commencez par ceux que vous aimez déjà, crus, cuits, sautés ou dans des smoothies. L'important est d'en consommer une plus grande quantité que d'habitude. Ensuite, expérimentez et essayez un nouveau légume chaque semaine.

Préférez les légumes frais, de saison et de préférence locaux. Si cela n'est pas possible, les légumes congelés sont une excellente option. Congelés juste après la cueillette, ils restent sains et goûteux.

FAT-recettes de jus de fruits et légumes

Utilisez un fond d'eau pour lier votre jus (10 cl) et rajoutez-en si nécessaire.

Classement de la teneur en sucres totaux des fruits

VN × 100 g*

	Sucres totaux (en g)
CITRON	2,5
CITRON VERT	2,5
NOIX	2,6
NOIX DE COCO	3,5
CANNEBERGE	4
BIGARADE	4
NOIX DE MACADAMIA	4,1
NOISETTE	4,3

	Sucres totaux (en g)
AMANDE	4,8
CACAHUÈTE	4,9
FRAISE	5,8
PAPAYE DES M.	5,9
PAPAYE	5,9
GOYAVE	6
POMELO	6,2
PASTÈQUE	6,5

	Sucres totaux (en g)
FIGUE	6,9
NÈFLE	7,2
CARAMBOLE	7,3
MYRTILLE	7,3
PRUNE	7,5
PISTACHE	7,8
MÛRE	8,1
PÊCHE	8,7

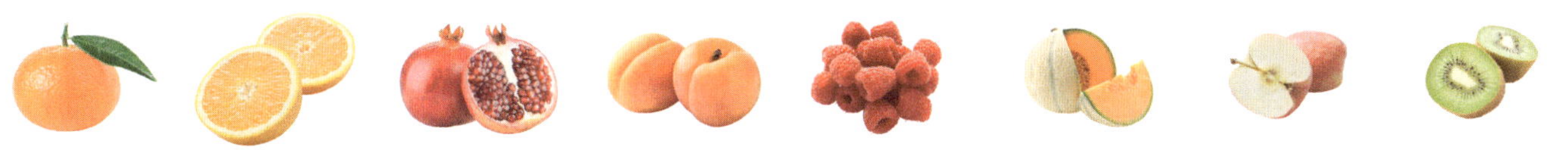

	Sucres totaux (en g)
TANGERINE	8,8
ORANGE	8,9
GRENADE	8,9
ABRICOT	9,3
FRAMBOISE	9,5
MELON	10
POMME	10,3
KIWI	10,5

	Sucres totaux (en g)
POIRE	10,5
FRUIT DE LA PASSION	11,2
ANANAS	11,9
CERISE	14,6
MANGUE	14,8
BANANE	15,6
RAISIN	16
DATTE	64,2

* Valeurs nutritionnelles moyennes pour 100 g.
* Liste non exhaustive.
* Source : Anses - Table de composition nutritionnelle des aliments Ciqual 2017. Source : USDA Nutrient Laboratory, teneur en sucres de certains aliments (pour 100 g) - www.1001fruits.net.

Un fruit n'est pas mauvais pour la santé parce qu'il contient du sucre, au contraire !

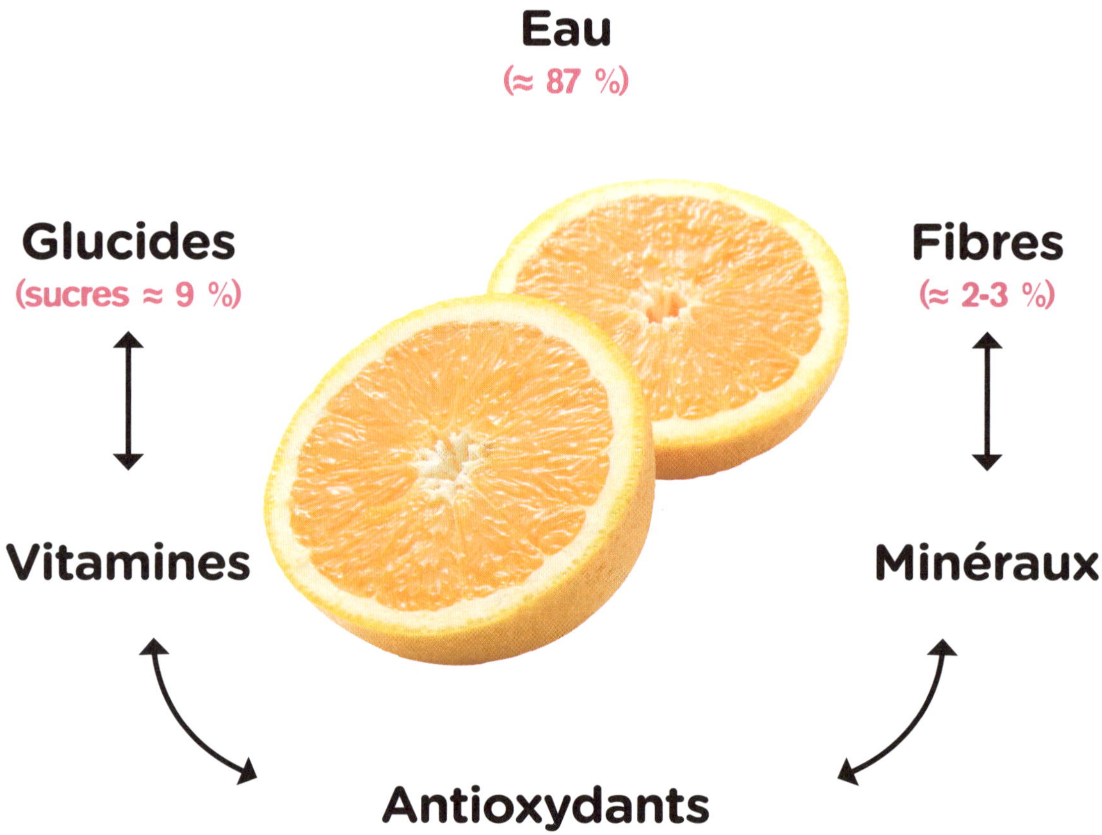

FAT-astuces pour bien choisir ses fruits

PASTÈQUE

Une pastèque bien fraîche doit être lourde par rapport à sa taille et comporter une peau brillante. Tapez dessus et voyez si elle sonne creux.

ANANAS

Pour bien le choisir, faites confiance à ses feuilles, qui doivent facilement se détacher.

FRAISE

La chair de la fraise doit être bien rouge et brillante et la collerette bien verte. Vous pouvez aussi juger à l'odeur.

MELON

Choisissez-le parfumé et lourd, signe qu'il est gorgé de sucre. Si le pédoncule n'est plus là ou bien s'il est craquelé, le melon a des chances d'être mûr à point.

TOMATE

Les tomates doivent être bien fermes et rouges. Il faut qu'elles aient la peau lisse et qu'elles sentent bon.

CERISE

Privilégiez celles qui ont la peau bien lisse et brillante mais également celles qui sont bien en chair. Autre indicateur : le pédoncule doit être bien vert et ne doit pas être desséché.

AVOCAT

Pressez la peau pour évaluer sa maturité. Si vous souhaitez le manger quelques jours après l'achat, choisissez-en un plus dur, il continuera à mûrir à la maison.

PÊCHE

La peau d'une pêche mûre est souple, ne comporte pas de traces ni de taches, et dégage une odeur fruitée.

FIGUE

Choisissez des fruits dont la peau est souple et la queue est ferme. Optez pour des figues dont la peau est légèrement plissée et dénuée de taches, préférez les figues comportant une goutte blanche à leur base.

3. Consommez des produits non transformés

Un conseil simple pour manger sainement est de limiter les produits ultratransformés. Privilégiez les produits frais et délaissez les aliments « tout prêts » que vous trouvez au supermarché : les paquets de gâteaux, les boîtes de conserve, les plats déjà cuisinés, etc. En résumé, tout ce qui ne provient pas directement de la nature. Non seulement les produits non transformés sont sains pour l'organisme, mais en plus de vous faire perdre du poids, ils ont d'autres avantages : diminution du risque de maladies, meilleure qualité du sommeil, sensation de bien-être, regain d'énergie, etc.

Mange ~~moins~~ mieux !

CAROTTES

EN VRAC

1,29 €/kg

Ingrédients :
Carottes

EN BOÎTE

2,45 €/kg

Ingrédients :
Carottes, eau, sucre, sel

RÂPÉES (plastique)

4,22 €/kg

Ingrédients :
Carotte 81 %, huile de colza, eau, vinaigre d'alcool, jus de citron à base de concentré 1 % (eau, jus de citron concentré), moutarde (eau, graines de moutarde, vinaigre d'alcool, sel), sel, sucre, épaississants : gomme guar et gomme xanthane, ail, poivre

On remplace ?

VIENNOISERIE

FAT-RECETTES

HOUMOUS INDUSTRIEL

FAT-HOUMOUS

FARINE T45

FARINE T80

PURÉE INSTANTANÉE

POMMES DE TERRE ÉCRASÉES

CHIPS TRADITIONNELLES

POP-CORN

FRUITS DÉSHYDRATÉS

FRUITS FRAIS

BEURRE

AVOCAT ÉCRASÉ

CRÈME FRAÎCHE

YAOURT GREC

On remplace ?

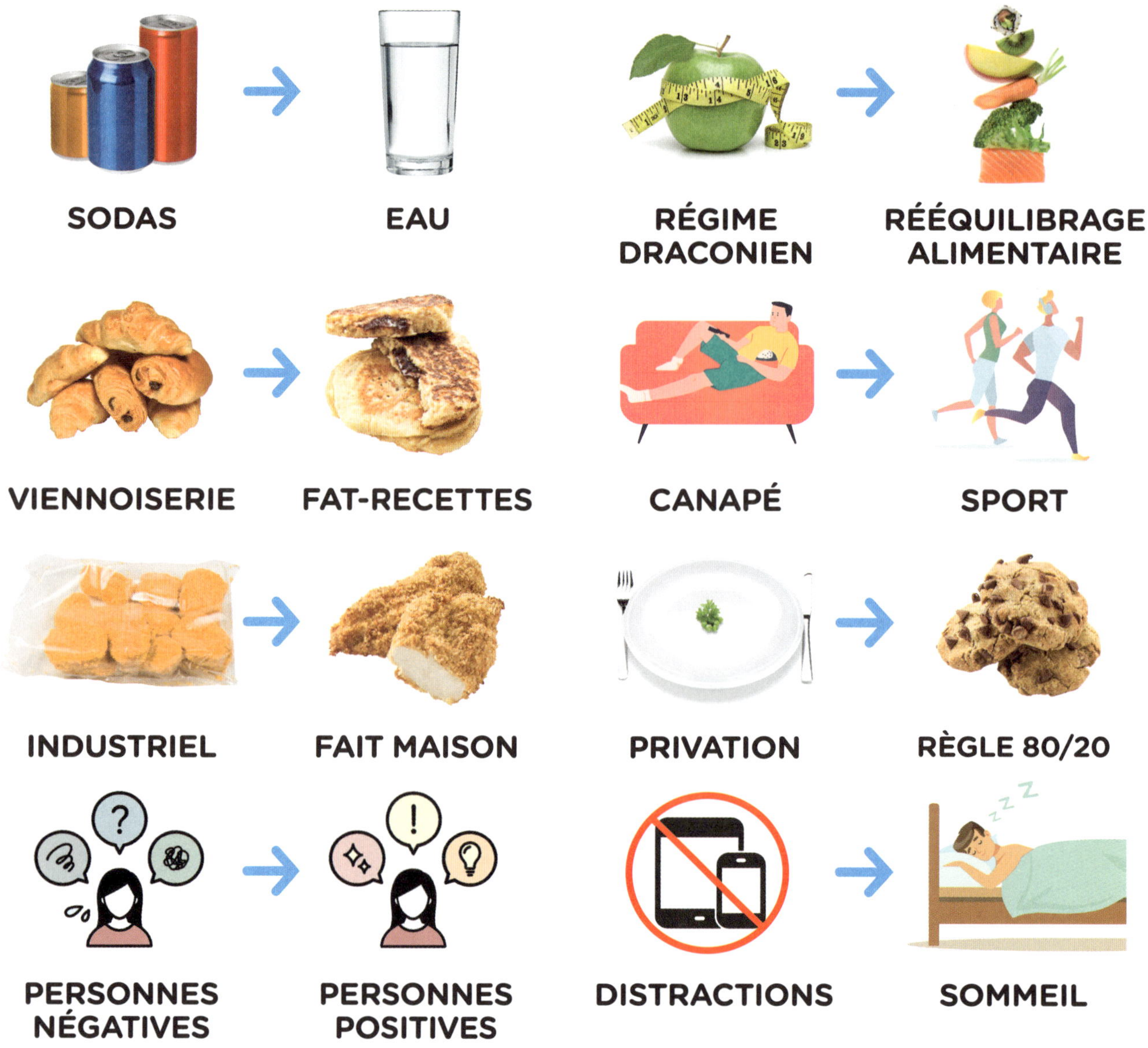
SODAS
EAU
RÉGIME DRACONIEN
RÉÉQUILIBRAGE ALIMENTAIRE
VIENNOISERIE
FAT-RECETTES
CANAPÉ
SPORT
INDUSTRIEL
FAIT MAISON
PRIVATION
RÈGLE 80/20
PERSONNES NÉGATIVES
PERSONNES POSITIVES
DISTRACTIONS
SOMMEIL

4. Cuisinez

« C'est bien entendu un geste d'amour et de partage. C'est rassembleur. Mais cuisiner, c'est aussi comme prendre l'avion, ça ouvre nos horizons et ça nous procure un sentiment de liberté. La liberté de choisir de meilleurs ingrédients, d'enrichir nos recettes. La liberté d'apprivoiser à son rythme des ingrédients nouveaux. Cuisiner, c'est prendre en main notre alimentation. En cuisinant, on devient moins dépendant des produits transformés. Notre alimentation se simplifie. Les produits frais prennent plus de place. Notre facture d'épicerie fond. Ça sent bon dans la maison. Nos enfants nous voient aller. On crée de bons souvenirs. Sans parler du sentiment d'accomplissement lorsqu'on réalise qu'on l'a fait soi-même et que c'est bon ! »

Geneviève O'Gleman, nutritionniste, auteure, animatrice et productrice

Vous pensez certainement que vous n'avez pas le temps de cuisiner. En fait sur 24 heures, tout n'est qu'une question de priorités. Au lieu de geeker 20 minutes sur Facebook, pourquoi ne pas prendre le temps de cuisiner un bon repas ?

Il ne s'agit pas de faire un repas gastronomique, mais de faire des combinaisons simples comme par exemple pâtes semi-complètes + courgettes et poivrons cuits au wok + haricots rouges + sauce tomate. Vous pouvez aussi cuisiner en plus grande quantité le week-end pour n'avoir que les associations à faire le reste de la semaine.

5. Prenez le temps de manger

Saviez-vous qu'un système digestif stressé peut moins bien absorber les nutriments ? Et un corps en manque de nutriments, c'est un corps qui a tout le temps faim.

Voici une routine pour un repas satisfaisant et relaxant :
- S'asseoir dans un endroit tranquille et confortable.
- Prendre cinq grandes respirations et faire le vide dans sa tête avant de commencer à manger.
- Mettre de côté toutes les préoccupations du travail et du quotidien pour profiter à 100 % du moment présent. (Aïe ! pas facile !)
- Bien mastiquer et s'exercer à vraiment déguster chaque bouchée.

Cette technique qui vous rendra plus heureux et diminuera le stress, permet aussi de mieux percevoir les signaux que le corps nous envoie et donc de s'arrêter de manger avant d'être rassasié.

6. Cessez de tout vouloir contrôler

Inutile d'essayer d'être parfait. En fait, pour avoir une alimentation parfaite, il faut accepter qu'elle ne le sera jamais et c'est bien comme cela.

Je peux vous garantir, pour l'avoir vécu, que si vous vous restreignez, vous allez provoquer l'envie de manger les aliments interdits. Au lieu d'entrer dans le cercle de la privation, apprenez à vous faire plaisir sans culpabilité avec vos aliments préférés. Une petite portion dégustée tranquillement vous satisfera et vous évitera des frustrations. La satisfaction peut aussi rassasier.

7. Bougez

À cause de notre emploi du temps chargé, nous avons perdu l'habitude de bouger régulièrement. Comme seules activités physiques, nous enchaînons allégrement le rythme voiture/ascenseur/ordinateur d'une journée de travail avec une soirée canapé/pizza/télé… Et pourtant, le plus souvent, il suffirait d'aménager notre quotidien et d'adopter quelques bonnes habitudes pour multiplier les occasions de bouger davantage et de vous permettre de perdre du poids plus facilement ! Marchez d'un bon pas, prenez l'escalier, promenez votre chien, bricolez, jardinez, dansez, garez-vous plus loin que nécessaire, faites le ménage… Chacune de ces activités peut vous permettre de brûler entre 100 ou 250 calories supplémentaires par jour !

8. Arrêtez de manger quand vous n'avez plus faim

Quand vous êtes rassasié, lorsque vous n'avez plus le sentiment de faim, et avant que votre ventre soit distendu, arrêtez de manger. N'ayez pas peur d'en laisser dans l'assiette ! La fois d'après, vous calculerez la bonne portion.

9. Profitez

La nourriture doit rester un plaisir. Offrez-vous quotidiennement une délicieuse nourriture saine et, de temps en temps, autorisez-vous un extra. Restez simplement conscient de la fréquence et de la taille des portions des extras. Trouvez le bon équilibre entre prendre soin de vous et profiter.

10. Savourez

« Lorsqu'on savoure, on profite pleinement de ce qu'on mange. On ralentit le rythme. On déguste. C'est à ce moment qu'on réalise qu'il nous en faut moins pour être satisfait. Les papilles sont sur la langue, pas sur les dents. Si on ne fait que mastiquer et avaler tout rond, on se prive du vrai plaisir de manger. On passe à côté du bon goût des aliments. Les papilles ont besoin de temps pour apprécier ce qu'on mange. En mangeant plus lentement, on reconnaît plus facilement notre sensation de satiété. En savourant, on se concentre sur le moment présent. Pas de télé ou d'ordi. En savourant, on devient plus critique. On ne se contente plus de la boîte de carton, on redemande le plat maison. »

Geneviève O'Gleman

ADOPTEZ DE BONNES HABITUDES ALIMENTAIRES

En effet, manger sainement, ce n'est pas seulement surveiller ce qu'il y a dans votre assiette. C'est également adopter de bonnes habitudes alimentaires qui vous permettront de mieux manger et de mieux digérer.

Ainsi, il est fondamental de profiter véritablement de son repas, en y consacrant le temps nécessaire. Mâchez longuement les aliments. Cela vous permettra, non seulement d'apprécier ce que vous dégustez, mais aussi de sécréter des hormones de satiété au bout de 15 à 20 minutes. Vous mangerez alors moins, et votre digestion en sera facilitée. Veillez également à consommer les aliments crus en tout début de repas. Ils facilitent eux aussi la digestion.

Vous l'aurez constaté, il n'est pas si difficile de manger sain et équilibré. Même si vous disposez de peu de temps, pour des raisons personnelles ou professionnelles, ces quelques astuces sont véritablement très simples à mettre en place, avec un minimum de volonté. Une fois vos habitudes alimentaires modifiées, les effets positifs sur votre organisme ne se feront pas attendre.

Le problème avec l'alimentation d'aujourd'hui, ce n'est pas de boire une boisson sucrée une fois par mois. C'est d'en boire tous les jours. Il n'existe pas de mauvais aliments, encore moins de mauvais nutriments. Il n'y a que des habitudes à revoir. Il ne sert à rien d'attendre que quelqu'un d'autre prenne l'initiative de changer nos habitudes alimentaires à notre place ou nous propose LA méthode pour y arriver. Il faut cesser de chercher un seul et unique coupable, sans quoi on finira toujours par se sentir coupable de manger.

Si on souhaite amener un vent de changement dans notre alimentation, il faut en être l'acteur. Il faut revenir aux bases d'une saine alimentation : manger moins d'aliments transformés, cuisiner et donner plus de place aux aliments d'origine végétale. La science est sans équivoque à ce sujet : on n'a pas besoin de bannir des aliments, des groupes alimentaires ou des nutriments de son alimentation pour être en bonne santé. On doit surtout prendre le temps de réfléchir à la place qu'on leur accorde dans notre alimentation de chaque jour.

FAT-ASTUCES

Les produits périmés

Lors de la consommation des denrées alimentaires, il convient de veiller au respect des indications figurant sur les emballages. Deux types d'indications vous renseignent sur la durée pendant laquelle vous pouvez consommer un produit. Il y a deux mentions à connaître et à ne pas confondre :

« À consommer avant le » ou « à consommer jusqu'au » : c'est la date limite de consommation (DLC) du produit. Il faut la respecter car au-delà le produit peut présenter des risques pour la santé du consommateur. La majorité des produits frais emballés portent cette mention obligatoire déterminée par le fabricant et ne peuvent être vendus une fois la date dépassée.

« À consommer de préférence avant le » : c'est la date de durabilité minimale (DDM), terme ayant remplacé celui de date limite d'utilisation optimale (DLUO) du produit depuis la mise en application du règlement INCO au 13 décembre 2014. Au-delà de cette date, le produit peut perdre certaines de ses qualités gustatives et/ou nutritionnelles, mais peut être consommé sans danger pour la santé. Cette indication est notamment visible sur les boissons, les produits d'épicerie (pâtes, riz, sucre, conserves...).

Par ailleurs, un emballage gonflé, une boîte de conserve déformée, l'absence de « pop » à l'ouverture d'un bocal, une odeur désagréable, une couleur anormale doivent vous alerter : il y a danger et il faut jeter cet aliment. Attention au respect de la chaîne du froid !

Produits périmés mais mangeables

Après la date (DDM)

CRÈME FRAÎCHE STÉRILISÉE OU UHT
Jusqu'à 2 semaines après la date si le pot n'a pas été ouvert.

PRODUITS SECS (RIZ, PÂTES, LENTILLES)
Plusieurs années après la date limite. À conserver au sec dans des récipients en verre ou des bocaux fermés.

MIEL
Ne se périme jamais. Il peut blanchir et va naturellement se cristalliser, ce qui n'empêche pas sa consommation. Les miels industriels contiennent du sucre non naturel.

LAIT UHT
Jusqu'à 2 mois après la date limite s'il n'est pas ouvert. UHT : l'Ultra Haute Température permet de réduire les bactéries.

SAUCES (MOUTARDE...)
Jusqu'à 2 mois après la date limite. Attention, si le pot ou le flacon est déjà ouvert, il faut le consommer rapidement.

CONSERVES
Plusieurs années après la date limite. À conserver dans un endroit sec. Veillez à ce que les boîtes ne soient pas percées, gonflées, cabossées ou rouillées.

SURGELÉS
Jusqu'à 1 an (voire plus) après la date limite. Si vous les congelez vous-même, il vaut mieux les consommer dans les mois qui suivent, en indiquant bien la date de congélation. Il est indispensable de respecter la température (- 18 °C).

CHOCOLAT
Jusqu'à 2 ans après la date limite. Il peut blanchir. S'il est vieux, mieux vaut le mettre dans un dessert pour profiter au mieux des propriétés gustatives restantes.

BISCUITS-CÉRÉALES
Jusqu'à 2 mois après la date limite. À conserver dans une boîte, afin d'éviter qu'ils ramollissent ou que des mites se développent dans l'humidité du carton.

BEURRE-MARGARINE
Jusqu'à 2 mois après la date limite. Les microbes ne se développent pas dans un corps gras. Il peut néanmoins brunir, durcir ou rancir au contact de l'air. Le beurre salé ou 1/2 sel se conservera mieux que le beurre doux.

FROMAGES
Les fromages à pâte cuite (type emmental) sont moins sujets au développement microbien : jusqu'à 2 mois. Les fromages à pâte molle se conservent moins : 10 jours environ. Il faut donc bien respecter la DDM.

PÂTE À TARTINER
Jusqu'à 2 mois après la date limite. Et elle sera encore meilleure si vous la préparez maison !

Peser les aliments crus ou cuits ?

Les valeurs nutritionnelles sur le paquet sont données pour un produit cru (sauf s'il est spécifiquement indiqué « cuit »). Donc si vous voulez savoir combien de calories vous consommez, il faut peser les aliments crus.

Il est impossible de maîtriser les apports des aliments après cuisson pour une même quantité d'aliment (100 g d'aliments crus comparés à 100 g de ce même aliment après cuisson). Il faudrait pour cela prendre en compte le mode de cuisson (vapeur, micro-ondes, au four, bouilli), le temps de cuisson et la température de cuisson, ce qui est impossible.

Cette règle de la pesée crue, parce que c'est plus simple et plus pratique, est la même pour tous les aliments, quels qu'ils soient.

Équivalences cru / cuit

En g

POIS CHICHES (secs)
100 cru = 290 cuit

RIZ PARBOILED
100 cru = 236 cuit

POMMES DE TERRE
100 cru = 100 cuit

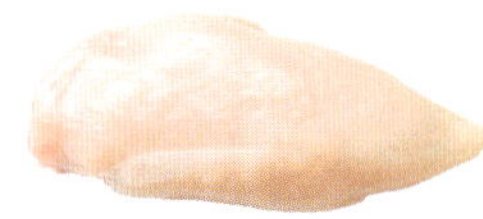

POULET (poitrine)
100 cru = 90 cuit

LENTILLES VERTES (sèches)
100 cru = 247 cuit

PÂTES COURTES
100 cru = 200 cuit

ÉPINARDS
48 cru = 84 cuit

DINDE (poitrine)
100 cru = 98 cuit

HARICOTS ROUGES (secs)
100 cru = 240 cuit

PÂTES LONGUES
100 cru = 244 cuit

COURGETTES
100 cru = 90 cuit

MERLU BLANC (surgelé)
100 cru = 83 cuit

PETITS POIS (frais)
100 cru = 87 cuit

AVOINE
100 cru = 202 cuit

CAROTTES
100 cru = 87 cuit

FILET DE BAR
100 cru = 86 cuit

Peser sans balance

1 cuillère à soupe

= 15 g d’eau

= 15 g de lait

= 14 g d’huile

= 12 g de farine

= 13 g de crème fraîche

= 30 g de miel liquide

= 18 g de riz cru

= 35 g de fromage blanc

= 13 g de beurre dur

= 24 g de sucre

= 25 g de coulis de tomates

= 30 g de confiture

= 7 g de flocons d’avoine

= 10 g d’amandes en poudre

= 8 g de cacao

= 30 g de pâte à tartiner

Ces tableaux vous aideront à estimer les quantités de protéines, glucides et lipides contenus dans les aliments.

20 g de glucides ?

4 càs
RIZ (CUIT)

× 2
POMMES DE TERRE
taille d'un œuf

6 càs
PETITS POIS

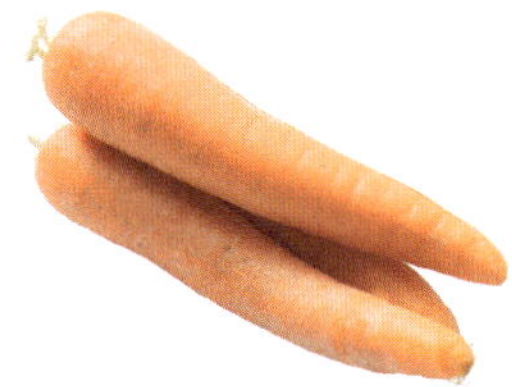

× 3
CAROTTES
moyennes

5 càs
SEMOULE
(CUITE)

33 g
FLOCONS D'AVOINE

37 g
BAGUETTE

× 1
BANANE
petite

75 g
PÂTES
(CUITES)

× 3
DATTES

6 càs
LÉGUMES SECS
(CUITS)

× 1
ORANGE

Les aliments d'une même famille alimentaire ont des propriétés nutritionnelles similaires et sont donc interchangeables (exemple, les pâtes et le riz). Ce remplacement est appelé « équivalence ». Ces équivalences se basent uniquement sur la teneur en protéines, glucides et lipides.

20 g de protéines ?

21 g
WHEY

80 g
BLANC DE DINDE

80 g
THON EN BOÎTE

182 g
BLANC D'ŒUF

118 g
COQUILLE SAINT-JACQUES

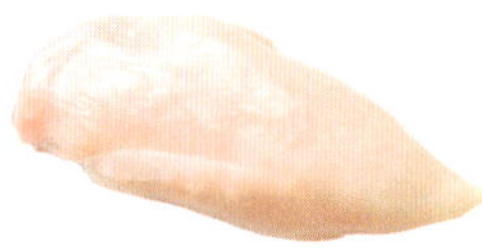

82 g
BLANC DE POULET

75 g
CREVETTES

143 g
POISSON BLANC

76 g
SEITAN

194 g
FROMAGE BLANC 0 %

33 g
SPIRULINE

105 g
VIANDE ROUGE

Lorsque l'on étudie les équivalences entre deux aliments, il ne faut pas seulement regarder l'apport énergétique mais aussi les apports en fibres, en eau, en sucres, en nutriments... Il peut ainsi être intéressant de combiner les aliments comme l'avocat, les amandes, la viande, etc.

10 g de lipides ?

HUILE D'OLIVE
10 g

AVOCAT
70 g

HUILE DE COCO
10 g

CHOCOLAT 90 %
19 g

AMANDES
19 g

BEURRE DE CACAHUÈTE
20 g

PISTACHES
19 g

BEURRE
12 g

JAUNE D'ŒUF
2 ×

N'oublions pas qu'au-delà des équivalences en termes de composition nutritionnelle, d'autres paramètres sont à prendre en compte comme le plaisir, le coût, les habitudes alimentaires, l'écologie…

Comment remplacer les œufs en pâtisserie ?

1/2
BANANE ÉCRASÉE

2 càs
GRAINES DE LIN
+ 1 càs D'EAU

2 càs
GRAINES DE CHIA
+ 1 càs D'EAU

85 g
COMPOTE DE POMMES

60 g
YAOURT

65 g
TOFU

3 càs
PURÉE D'OLÉAGINEUX

60 g
HUILE VÉGÉTALE

Comment remplacer le beurre dans vos recettes ?

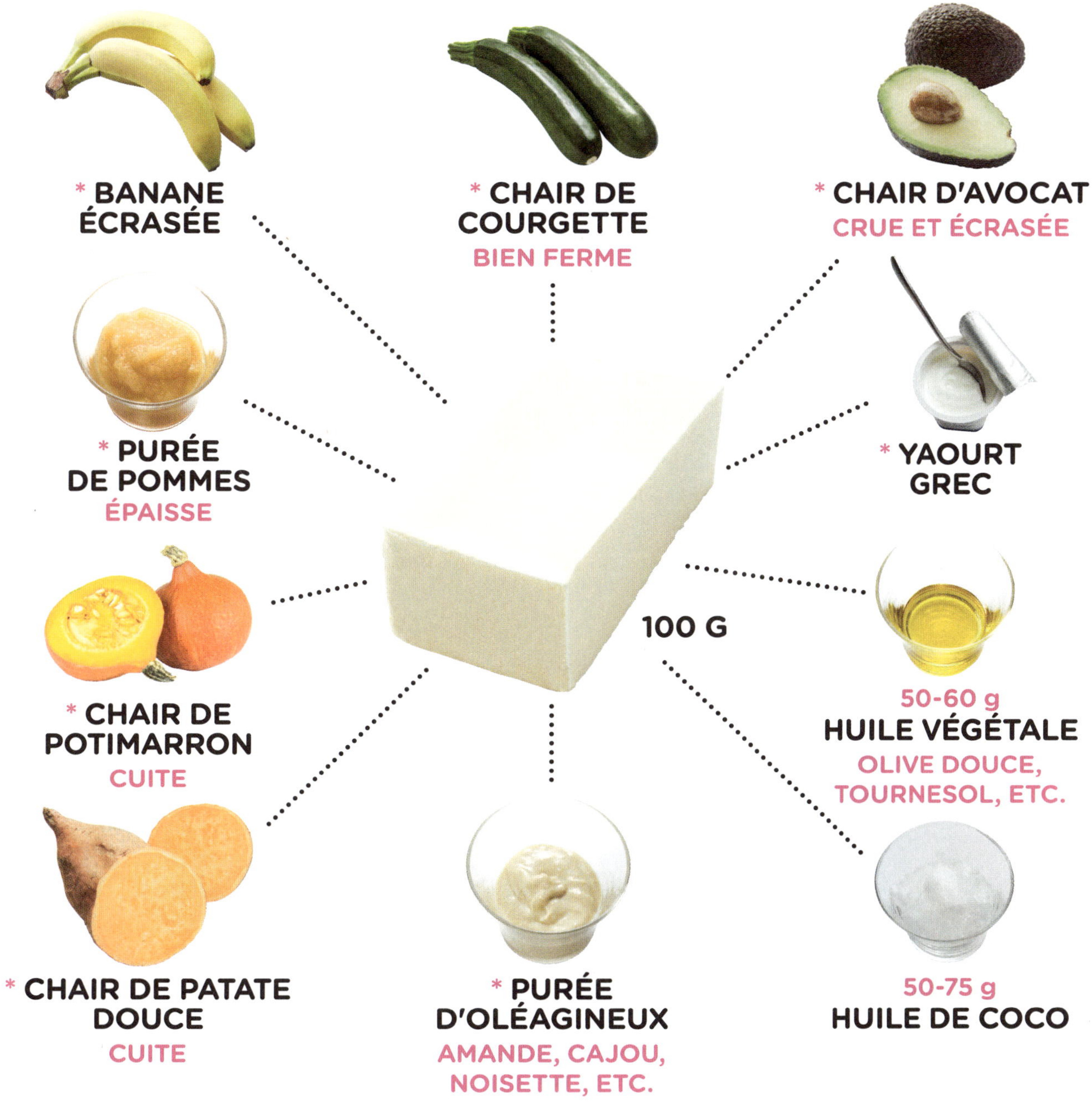

9 alternatives au sucre blanc

DES RECETTES POUR VOUS AIDER

Vous pouvez déguster mes recettes pour un mode de vie sain.
Et n'oubliez pas, manger sainement ne veut pas dire se priver des petits plaisirs sucrés.
Cela veut dire consommer moins de sucre globalement et s'autoriser de petits plaisirs occasionnels.
Tout est une question d'équilibre.

PETITS DÉJEUNERS

Pour 8 pièces
Préparation : 5 min
Cuisson : 3 à 5 min par pancake

100 g de compote de pommes sans sucre ajouté

35 g de farine d'avoine (ou flocons réduits en poudre)

10 g de beurre de cacahuète

1 cuil. à soupe de sucrant (stevia, sirop d'agave…)

1 sachet de levure chimique

Huile de coco désodorisée pour la cuisson

PANCAKES AVOINE

et beurre de cacahuète

Dans un saladier, mélangez la compote avec le beurre de cacahuète et le sucrant de votre choix. Une fois que vous avez obtenu une consistance homogène, ajoutez la farine et la levure. Mélangez bien. Versez des petites louches de pâte en les espaçant dans une grande poêle huilée. Laissez cuire jusqu'à l'apparition de petites bulles à la surface des pancakes. Retournez-les avec une spatule et laissez colorer l'autre face. Maintenez au chaud le temps de faire le reste des pancakes et dégustez tiède avec les toppings de votre choix (miel-skyr-fraises, yaourt-myrtilles, banane-pâte à tartiner, compote de pomme-miel-noix de pécan, pâte à tartiner-noix de coco râpée…) !

8 Portions | **34** Calories par portion | **4,4 g** Glucides | **1,3 g** Lipides | **0,9 g** Protéines

PANCAKE AU FOUR

Préchauffez le four à 180 °C (th. 6).
Dans un saladier, mélangez les farines avec le blanc d'œufs.
Ajoutez le yaourt et le reste des ingrédients secs.
Versez l'appareil dans une poêle de 12 cm de diamètre environ.
Attention, le manche ne doit pas être en plastique !
Répartissez les toppings dessus et enfournez pour 13 à 15 minutes.
Il doit avoir une belle couleur dorée.
Sortez-le du four et dégustez-le lorsqu'il est froid.

Pour 1 pièce
Préparation : 10 min
Cuisson : 13 à 15 min

Pour l'appareil

100 g de yaourt au soja

40 g de blanc d'œufs

20 g de farine de coco

15 g de farine d'amande

5 g de sucrant de votre choix (stevia, sirop d'agave…)

4 g de levure instantanée

Pour le topping

20 g de pépites de chocolat

20 g de fines tranches de banane (ou autre fruit)

1 Portion

352 Calories

23,9 g Glucides

16,7 g Lipides

17,6 g Protéines

Pour 6 pièces
Préparation : 10 min
Cuisson : 3 min par pancake

210 g de farine d'avoine (ou mix de farine de votre choix)

18 cl de boisson végétale (au choix)

150 g de yaourt grec (ou skyr, fromage blanc à 0 %, 2 petits-suisses, yaourt végétal)

6 cuil. à soupe de pâte à tartiner (ou autre garniture de votre choix)

3 œufs

3 cuil. à café de levure

Huile de coco pour la cuisson

PANCAKES FOURRÉS

Dans un saladier, mélangez la farine et la levure.
Ajoutez la boisson végétale et le yaourt. Mélangez à nouveau et terminez avec les œufs. Vous devez obtenir une consistance lisse et homogène.
Faites chauffer un peu d'huile de coco dans une poêle.
Versez la moitié d'une petite louche de pâte, tout en l'étalant avec le dos de la louche pour lui donner une jolie forme bien ronde.
Ajoutez 1 cuillerée à soupe de la garniture de votre choix.
Recouvrez le tout avec une autre moitié de louche de pâte.
Faites cuire le pancake sur feu moyen quelques minutes, jusqu'à l'apparition de petites bulles à la surface.
Retournez-le avec une spatule et laissez colorer l'autre face.
Répétez l'opération jusqu'à épuisement de la pâte… et dégustez.

6 Portions | 244 Calories par portion | 32,5 g Glucides | 7,9 g Lipides | 11 g Protéines

BIG PANCAKES

Dans un saladier, mélangez les œufs, le lait et la compote.
Versez la farine et la levure et mélangez bien jusqu'à obtenir une consistance lisse et homogène.
Faites chauffer de l'huile de coco dans une mini-poêle.
Versez 1 louche de pâte. Laissez cuire à feu moyen jusqu'à l'apparition de petites bulles à la surface du pancake.
Retournez-le avec une spatule et laissez colorer l'autre face.
Répétez l'opération jusqu'à épuisement de la pâte.

3 Portions

188 Calories par portion

25,3 g Glucides

5,6 g Lipides

8 g Protéines

Pour 3 pièces
Préparation : 10 min
Cuisson : 4 min par pancake

7,5 cl de lait végétal de votre choix

100 g de farine de blé complet

15 g de compote de pommes sans sucre ajouté

2 œufs

1/2 sachet de levure

1/2 cuil. à café d'huile de coco

Pour 8 pièces
Préparation : 10 min
Cuisson : 3 min par pancake

100 g de yaourt grec

90 g de flocons d'avoine

1 banane

2 œufs

1 cuil. à café de levure chimique

Arôme vanille ou vanille en poudre

Huile de coco pour la cuisson

FLUFFY PANCAKES

au yaourt et à l'avoine

Épluchez la banane et placez la chair dans le bol d'un mixeur. Mixez jusqu'à obtenir une purée. Ajoutez le yaourt, l'avoine et les œufs. Mixez bien et ajoutez la vanille et la levure. Mélangez de nouveau. Faites chauffer un peu d'huile de coco dans une poêle. Versez des petites louches de pâte en les espaçant. Laissez cuire jusqu'à l'apparition de petites bulles à la surface des pancakes. Retournez-les avec une spatule et laissez colorer l'autre face. Dégustez aussitôt !

8 Portions | 79 Calories par portion | 9,8 g Glucides | 2,1 g Lipides | 4,4 g Protéines

RICOTTA PANCAKES

Préchauffez le four à 180 °C (th. 6).
Dans un saladier, mélangez la ricotta avec l'œuf et le sucrant de votre choix.
Ajoutez la farine, la levure, la vanille et mélangez bien.
Recouvrez une plaque de papier cuisson. Divisez la pâte en six et, à l'aide d'une cuillère, formez des petits tas et placez-les sur la plaque.
Enfournez les pancakes pendant 20 minutes environ.
Vous pouvez également les faire cuire à la poêle de manière traditionnelle.
Agrémentez de fruits frais et de sirop de coco par exemple !

6 Portions | 120 Calories par portion | 9,1 g Glucides | 6,1 g Lipides | 6,4 g Protéines

Pour 6 pièces
Préparation : 10 min
Cuisson : 20 min

250 g de ricotta

60 g de farine de riz

1 œuf

1 cuil. à soupe de stevia (ou sirop de coco)

1 cuil à café d'essence de vanille

1 cuil. à café de levure chimique

Pour 6 pièces
Préparation : 10 min
Cuisson : 5 min
par gaufre

450 g de patate douce cuite à l'eau

6 cuil. à soupe de farine de coco

3 œufs

3 cuil. à café de bicarbonate

3 cuil. à café de cannelle en poudre

Huile pour le gaufrier

GAUFRES
à la patate douce

Dans un saladier, écrasez avec une fourchette la chair de patate douce jusqu'à obtenir une purée. Dans un petit bol, battez les œufs et ajoutez-les dans le saladier. Mélangez. Ajoutez le reste des ingrédients sauf l'huile et mélangez. Huilez les plaques du gaufrier et faites-le chauffer. Versez la préparation sur les plaques, faites chauffer les gaufres 5 minutes environ et répétez l'opération jusqu'à épuisement de la pâte.

6 Portions

120 Calories par portion

17,1 g Glucides

3,3 g Lipides

5,5 g Protéines

GAUFRES

à l'avoine

Pour 6 pièces
Préparation : 10 min
Cuisson : 4 min par gaufre

100 g de fromage blanc

50 g de farine d'avoine

2 œufs

1 cuil. à café de levure chimique

Huile neutre pour la cuisson

Dans un saladier, mélangez la farine et la levure. Battez les œufs dans un petit bol et ajoutez-les. Mélangez bien. Versez le fromage blanc et mélangez jusqu'à obtenir une consistance lisse et homogène. Huilez les plaques du gaufrier et faites-le chauffer. Versez la préparation et faites chauffer les gaufres quelques minutes. Répétez l'opération jusqu'à épuisement des ingrédients. Servez avec les toppings de votre choix (miel-yaourt-fraises ou myrtilles, yaourt-amandes-confiture, banane-pâte à tartiner ou beurre de cacahuète, compote de pomme-cannelle...).

6 Portions

73 Calories par portion

5,9 g Glucides

3 g Lipides

4,9 g Protéines

Pour 6 pièces
Préparation : 10 min
Cuisson : 20 à 25 min

3 œufs

60 g de fromage blanc

1 pincée de levure

1 pincée de sel

FAT-PAIN NUAGE

Préchauffez le four à 150 °C (th. 5).
Cassez les œufs et séparez le blanc des jaunes, en les plaçant dans 2 saladiers différents.
Montez les blancs en neige avec le sel.
Mélangez les jaunes d'œufs avec le fromage blanc et la levure.
Incorporez délicatement les blancs.
Sur une plaque recouverte de papier cuisson, réalisez 6 tas avec le mélange précédent en les espaçant.
Enfournez pour 20 à 25 minutes.
Vous devez obtenir une belle couleur dorée.
Dégustez aussitôt !

6 Portions

41 Calories par portion

0,9 g Glucides

2,5 g Lipides

4,1 g Protéines

FAT-PAINCHOC

Préchauffez le four à 160 °C (th. 5-6).
Dans un saladier, mélangez les ingrédients secs et les pépites de chocolat. Versez le miel, l'œuf, le skyr et la vanille. Mélangez bien avec vos mains pendant 5 minutes. Vous devez obtenir une boule compacte et homogène. Si la pâte est trop collante, ajoutez de la farine.
Formez 10 boules et placez-les sur une plaque recouverte de papier cuisson. Enfournez les PainChoc pour 20 minutes environ. Quand ils sont bien dorés, sortez-les du four et laissez-les refroidir sur une grille.

10 Portions

143 Calories par portion

21,8 g Glucides

3,3 g Lipides

5,8 g Protéines

Pour 10 pièces
Préparation : 15 min
Cuisson : 20 min

250 g de skyr

150 g de farine T80

100 g de farine T150

100 g de pépites de chocolat

50 g de miel

1 œuf

1 sachet de levure chimique

1 cuil. à soupe d'extrait de vanille liquide

Pour 1 bol
Préparation : 10 min

6 fraises

6 framboises

1 cuil. à soupe de myrtilles

4 cuil. à soupe de fromage blanc (0 % de MG/grec/skyr)

2 cuil. à soupe de granola maison au choix

1 cuil. à café de graines de chia

BOWL GOURMAND

au granola

Versez le fromage blanc dans un bol
et ajoutez sur la moitié le granola.
Rincez les fruits, retirez les queues des fraises
et coupez-les en deux.
Répartissez les fruits sur l'autre moitié
et parsemez de graines de chia.

1 Bol | 219 Calories | 25,4 g Glucides | 5,2 g Lipides | 17,3 g Protéines

FAT-BOOMCAKE

nature ou pépites de chocolat

Dans un saladier, mélangez la farine avec l'œuf et le blanc d'œuf. Ajoutez le yaourt grec et mélangez jusqu'à obtenir une pâte homogène. Versez le bicarbonate, le jus de citron et mélangez.
Dans une casserole de 12 à 14 cm de diamètre environ (avec un revêtement en Téflon), versez le contenu du saladier et couvrez. Laissez cuire 10 minutes à feu doux. (Pour les plaques en vitrocéramique, puissance 1 maximum.)
Pour la version fourrée avec les pépites de chocolat, versez la moitié du mélange dans la casserole, répartissez les pépites au centre et recouvrez avec le reste de pâte.
Retirez le couvercle, vérifiez que le dessus de la préparation est cuit. La préparation ne doit pas coller aux doigts, ni laisser de petit dépôt dessus. Si elle n'est pas assez cuite, prolongez de 2 minutes. Vérifiez de nouveau.
Décollez les bords de la préparation avec une spatule en silicone et retournez le Boomcake en vous aidant d'une petite assiette.
Faites cuire 2 à 3 minutes et dégustez.

1 Portion | 478 Calories | 13,1 g Glucides | 56,4 g Lipides | 29,4 g Protéines

Pour 1 pièce
Préparation : 3 min
Cuisson : 12 à 15 min

100 g de yaourt grec (ou skyr, fromage blanc à 0 %, 2 petits-suisses, yaourt végétal)

70 g de farine d'avoine (ou mix de farine de votre choix)

1 œuf

1 blanc d'œuf

1 cuil. à soupe de jus de citron

1 cuil. à soupe de bicarbonate

10 g de pépites de chocolat (facultatif)

GRANOLAS ET MUESLI

Pour 1 pot
Préparation : 10 min
Cuisson : 20 à 25 min

250 g de flocons d'avoine

50 g de pépites de chocolat

50 g de noisettes décortiquées

40 g de miel

20 g de sirop d'érable

1 cuil. à soupe d'huile de coco

FAT-GRANOLA

choco-noisettes

Préchauffez le four à 160 °C (th. 5-6).
Faites fondre au préalable le miel et l'huile de coco s'ils ne sont pas liquides.
Versez tous les ingrédients dans un saladier (sauf les pépites de chocolat) et mélangez bien pour enrober les éléments secs.
Recouvrez une plaque de papier cuisson.
Déposez le mélange sur la plaque et étalez pour former une couche épaisse et homogène.
Enfournez pour 20 à 25 minutes, en remuant à mi-cuisson.
Lorsque le mélange est bien doré, sortez-le du four et laissez-le reposer.
Lorsque le granola est froid, ajoutez les pépites de chocolat et versez le tout dans un contenant hermétique en verre.
Le granola se conserve quelques semaines à température ambiante à l'abri de la lumière.

Portion 100 g

470 Calories

52,2 g Glucides

20,9 g Lipides

11,9 g Protéines

SUPER GRANOLA
complet

Préchauffez le four à 130 °C (th. 4-5).
Concassez grossièrement les noix et les amandes.
Versez dans un saladier avec les flocons d'avoine.
Faites fondre dans une casserole l'huile de coco, le sirop et le miel.
Versez dans le saladier et mélangez bien pour enrober les éléments secs.
Recouvrez une plaque de papier cuisson. Déposez le mélange sur la plaque et étalez-le pour former une couche épaisse et homogène.
Enfournez pour 30 minutes (sans mélanger pendant la cuisson, pour donner des grosses pépites de granola). Sortez la plaque du four, laissez refroidir. Ajoutez les pépites de chocolat et les baies de goji.
Mélangez et versez dans un contenant hermétique en verre.

Conseil
Vous pouvez augmenter la quantité de protéines en ajoutant 20 g de whey et en réduisant les flocons d'avoine et les pépites de chocolat de 10 g.

Portion 100 g | 470 Calories | 46,9 g Glucides | 25,1 g Lipides | 10,9 g Protéines

Pour 1 pot
Préparation : 10 min
Cuisson : 30 min

125 g de flocons d'avoine

50 g d'amandes

50 g de noix

50 g de baies de goji

50 g de pépites de chocolat

5 cuil. à soupe de sirop d'agave

2 cuil. à soupe d'huile de coco

1 cuil. à soupe de miel liquide

Pour 1 pot
Préparation : 15 min
Cuisson : 30 min

200 g de flocons d'avoine

45 g de miel liquide ou de sirop d'érable

45 g d'huile de coco

40 g de chocolat noir à 90 %

30 g d'amandes

30 g de noix de pécan

30 g de noisettes

1 cuil. à café d'extrait de vanille liquide

1/2 cuil. à café de cannelle

FAT-GRANOLA

choco-vanille

Préchauffez le four à 160 °C (th. 5-6).
Concassez grossièrement les noix de pécan, les amandes et les noisettes.
Versez dans un saladier avec les flocons d'avoine.
Faites chauffer quelques instants le miel et l'huile de coco pour qu'ils soient bien fondus. Ajoutez la cannelle et la vanille, mélangez et versez dans le saladier. Mélangez bien pour enrober tous les éléments.
Recouvrez une plaque de papier cuisson. Baissez le four à 140 °C (th. 4-5).
Déposez le mélange sur la plaque et étalez-le pour former une couche épaisse et homogène.
Enfournez pour 30 minutes. Remuez le granola à mi-cuisson.
Lorsque le granola a une belle couleur dorée, sortez la plaque du four et laissez refroidir.
Hachez grossièrement le chocolat et versez-le sur le granola froid.
Mélangez et remplissez un contenant hermétique en verre.

Portion 100 g | 453 Calories | 37,4 g Glucides | 28,1 g Lipides | 9,6 g Protéines

MUESLI AU CHOCOLAT,

amandes et noisettes

Pour 1 pot
Préparation : 8 min

250 g de flocons d'avoine

70 g d'amandes entières

50 g d'amandes effilées

50 g de noisettes

50 g de pépites de chocolat noir

Hachez grossièrement les amandes et les noisettes. Versez dans un saladier avec les flocons d'avoine, les amandes effilées et les pépites de chocolat. Mélangez bien et versez le tout dans un contenant hermétique en verre. Le muesli se conserve quelques semaines à température ambiante à l'abri de la lumière.

Conseil

Variez les plaisirs et remplacez les amandes par des noix, des noix de pécan ou de macadamia par exemple.

Portion 100 g | 466 Calories | 36,9 g Glucides | 27 g Lipides | 14,4 g Protéines

PÂTES À TARTINER

Pour 1 pot
Préparation : 5 à 10 min

4 cuil. à soupe
de purée de noisettes

2 cuil. à soupe
de purée de noix
de cajou

2 cuil. à soupe
de beurre
de cacahuète

2 cuil. à soupe
de sirop d'agave

1 cuil. à café
de cacao amer
en poudre

FAT-ELLA

Versez dans un saladier les purées, le beurre de cacahuète et le sirop d'agave. Mélangez énergiquement jusqu'à obtenir une consistance lisse et homogène. Ajoutez le cacao en poudre et mélangez de nouveau. Versez le Fat-Ella dans un contenant hermétique en verre.

Portion 100 g | 565 Calories | 25,9 g Glucides | 40,1 g Lipides | 16,4 g Protéines

Pour 1 pot
Préparation : 5 min
Cuisson : 5 min
Réfrigération : 1 nuit

180 g de purée de noisettes

100 g de chocolat noir à 80 %

10 cl de boisson végétale aux noisettes

60 g de miel

CHOCO-TELLA

Cassez grossièrement le chocolat noir et faites-le fondre au bain-marie. Hors du feu, ajoutez la boisson végétale et la purée de noisettes. Mélangez bien. Versez le miel et mélangez de nouveau. Une fois la préparation bien homogène, versez-la dans un contenant hermétique en verre et laissez-la refroidir une nuit au réfrigérateur.

Portion 100 g

305 Calories

34,5 g Glucides

19,5 g Lipides

21,8 g Protéines

Pour 1 pot
Préparation : 10 min
Cuisson : 10 min

190 g de miel liquide (1/2 miel de fleurs et 1/2 miel d'acacia)

125 g de noisettes

PÂTE À TARTINER

noisettes et miel

Préchauffez le four à 150 °C (th. 5).
Déposez les noisettes sur une plaque recouverte de papier cuisson. Enfournez pour 10 minutes.
Une fois cuites, versez-les dans le bol d'un mixeur. Mixez jusqu'à obtenir une poudre fine. En fonction de vos goûts et de la consistance désirée, vous pouvez continuer de mixer jusqu'à obtenir une pâte semi-liquide. Dans ce cas, il vous faudra un robot puissant.
Une fois la consistance souhaitée obtenue, ajoutez le miel et continuez à mixer jusqu'à ce que le mélange soit bien homogène.
Versez dans un contenant hermétique en verre et laissez refroidir. Conservez la pâte à tartiner à température ambiante.

Portion 100 g

454 Calories

51,7 g Glucides

25 g Lipides

7,7 g Protéines

Pour 1 pot
Préparation : 5 min
Cuisson : 2 min

260 g de dattes bio dénoyautées

13 cl de lait végétal (noisette ou autre)

30 g de cacao amer en poudre

20 g de sucre en poudre (blanc, coco...)

PÂTE À TARTINER

choco-dattes

Dans une casserole, versez les dattes, le sucre et le lait végétal.
Faites chauffer à feu doux en remuant souvent et portez à ébullition.
Laissez bouillir pendant 2 minutes en remuant continuellement.
Stoppez le feu et laissez refroidir.
Placez la préparation dans le bol d'un robot
et mixez jusqu'à obtenir une pâte. Ajoutez le cacao.
Si la pâte est trop épaisse, ajoutez un peu de lait et continuez à mixer.
Versez dans un contenant hermétique en verre.
La pâte se conserve 3 à 4 jours au frais.

Conseil
Préparez la pâte à tartiner la veille.

Portion 100 g | 233 Calories | 48,9 g Glucides | 1,9 g Lipides | 3 g Protéines

Pour 1 pot
Préparation : 10 min
Cuisson : 2 min

400 g de bananes bien mûres

400 g de chocolat noir (ou au lait au choix)

125 g de noisettes en poudre

10 cl d'huile de noisette

40 g d'huile de coco

PÂTE À TARTINER

bana-tella

Faites fondre le chocolat au bain-marie avec l'huile de coco.
Mettez les noisettes en poudre et l'huile de noisette dans le bol d'un robot et mixez jusqu'à obtenir la consistance d'une pâte.
Épluchez les bananes et coupez-les en rondelles.
Ajoutez-les à la préparation précédente avec le mélange au chocolat et mixez de nouveau jusqu'à obtenir une consistance lisse et homogène.
Versez dans un contenant hermétique en verre.

Portion 100 g | 370 Calories | 21,3 g Glucides | 27,7 g Lipides | 6 g Protéines

CHOCONOZET

Cassez grossièrement le chocolat et versez-le dans un contenant hermétique en verre. Déposez-le dans une casserole avec un fond d'eau, comme un bain-marie.
Faites fondre le chocolat à feu très doux et mélangez régulièrement.
Lorsque le chocolat est totalement fondu, versez dans le bocal la purée de noisettes et l'huile. Tout en laissant le bocal dans le bain-marie, remuez délicatement jusqu'à ce que le mélange soit homogène.
Ajoutez le sucrant et remuez jusqu'à ce qu'il soit complètement dissous.
Égouttez le pot, laissez-le refroidir et fermez-le.
Conservez à température ambiante dans un placard à l'abri de la lumière.

Pour 1 pot
Préparation : 10 min
Cuisson : 5 min

100 g de chocolat noir à 80 %

4 cl d'huile de pépins de raisin

25 g de purée de noisettes pures

1 à 2 cuil. à soupe de miel ou de sirop d'agave

Portion 100 g

579 Calories

29,4 g Glucides

49 g Lipides

46 g Protéines

PLATS SALÉS

Pour 2 personnes
Préparation : 15 min
Cuisson : 20 min

125 g de fromage râpé

10 feuilles de basilic

4 œufs

1 petit poivron rouge

1 petit poivron orange

2 oignons nouveaux

1/2 cuil. à café de mélange d'épices italien

2 cuil. à café d'huile de coco fondue

Sel, poivre

FRITTATA

aux poivrons et basilic

Préchauffez le four à 180 °C (th. 6).
Rincez les poivrons, coupez-les en quatre, retirez les parties blanches et les pépins. Coupez-les en petits dés. Faites-les revenir à feu moyen/doux dans une poêle, avec 1 cuillerée à café d'huile de coco le temps de préparer le reste des ingrédients.
Cassez les œufs dans un saladier et brouillez-les.
Épluchez les oignons, coupez-les en quatre dans la longueur et hachez-les finement. Versez dans le saladier.
Rincez et séchez les feuilles de basilic. Hachez-les et ajoutez-les dans le saladier.
Versez le reste des ingrédients et les poivrons dans le saladier.
Graissez un plat à gratin avec le reste d'huile de coco. Versez le contenu du saladier et enfournez pour 20 minutes. Suivant la coloration, terminez quelques minutes sous le gril.
Dégustez avec une salade verte ou coupé en cubes pour l'apéro.

2 Portions

377 Calories par portion

7,2 g Glucides

25,9 g Lipides

31,4 g Protéines

FAT-PÂTES

à la carbonara

Pour 2 personnes
Préparation : 10 min
Cuisson : 12 min

130 g de spaghettis

80 g de lardons de dinde

2 œufs

30 g de parmesan + un peu pour le dressage

Sel, poivre

Faites cuire les pâtes dans une grande casserole d'eau bouillante salée, en suivant les indications du paquet.
Dans un bol, cassez les œufs, ajoutez le parmesan et fouettez énergiquement. Réservez.
Faites cuire les lardons dans une poêle.
Égouttez les pâtes, mais pas complètement, pour garder un peu d'eau de cuisson afin de lier la sauce. Reversez les pâtes dans la casserole et faites chauffer sur feu doux.
Versez le mélange œuf/parmesan et remuez jusqu'à ce que les pâtes soient bien imprégnées. Éteignez le feu avant que la préparation ne s'assèche.
Versez dans des bols, ajoutez les lardons et un peu de parmesan râpé. Rectifiez l'assaisonnement et dégustez aussitôt.

2 Portions | 296 Calories par portion | 18,5 g Glucides | 13,5 g Lipides | 25,3 g Protéines

Pour 2 personnes
Préparation : 15 min

100 g de tomates cerises multicolores

2 courgettes de taille moyenne

1 bel avocat mûr à point

1 poignée de noix ou d'amandes

Le jus de 1/2 citron jaune

Les feuilles de 2 tiges de basilic

Sel, poivre

SPAGHETTIS

de courgette, sauce avocat basilic

Rincez les courgettes, coupez les extrémités.
Utilisez un spiralizer, une mandoline ou un économe multifonction pour réaliser des spaghettis de courgette. Placez-les dans un saladier.
Préparez la sauce. Dans le bol d'un mixeur, versez la chair de l'avocat, le jus de citron, les feuilles de basilic, du sel, du poivre et la poignée de fruits secs.
Mixez énergiquement jusqu'à obtenir une consistance lisse et homogène.
N'hésitez pas à ajouter un peu d'eau si nécessaire. La texture doit être onctueuse.
Versez la sauce sur les spaghettis et mélangez.
Rincez les tomates et coupez-les en deux.
Ajoutez-les à la salade et dégustez.

2 Portions | **311** Calories par portion | **9,1 g** Glucides | **23,5 g** Lipides | **4,7 g** Protéines

FAT-ESCALOPES

à la milanaise au poulet

Préchauffez le four à 220 °C (th. 6-7).
Dans une assiette creuse, battez l'œuf, salez et poivrez.
Dans une deuxième assiette, versez le son d'avoine.
Préparez une plaque recouverte de papier cuisson.
Trempez une escalope dans l'œuf, puis dans le son d'avoine.
Répétez l'opération une deuxième fois et déposez l'escalope sur la plaque.
Faites de même avec la seconde escalope.
Enfournez pour 15 minutes en surveillant bien la coloration.
Sortez les escalopes du four, arrosez-les de jus de citron
et dégustez !

2 Portions

262 Calories par portion

4,1 g Glucides

6,1 g Lipides

30,9 g Protéines

Pour 2 personnes
Préparation : 15 min
Cuisson : 15 min

50 g de son d'avoine

2 escalopes de poulet

1 œuf

Jus de citron

Sel, poivre

Pour 2 personnes
Préparation : 30 min
Dégorgement : 1 h
Cuisson : 40 min

250 g de sauce tomate

200 g de mozzarella allégée

30 g de chapelure

30 g de parmesan râpé

2 grandes aubergines

1 filet d'huile d'olive

Les feuilles de 4 tiges de basilic

Sel

PARMIGIANA
de légumes

Rincez les aubergines, coupez les extrémités et détaillez-les en fines rondelles. Placez-les dans une passoire. Salez-les et laissez dégorger 1 heure.
Préparez la sauce. Dans une casserole, versez la sauce tomate, l'huile d'olive, 1 pincée de sel et mélangez. Rincez le basilic et ajoutez-le dans la casserole, mélangez et laissez cuire à feu moyen/doux. La sauce doit réduire et se densifier.
Coupez la mozzarella en rondelles ; réservez-les dans un bol.
Préchauffez le four à 200 °C (th. 6-7).
Lorsque les aubergines ont bien dégorgé, épongez-les avec du papier absorbant. Dans un plat, déposez une fine couche de sauce. Déposez les rondelles d'aubergine sans qu'elles se chevauchent, puis à nouveau une fine couche de sauce, puis ajoutez quelques rondelles de mozzarella. Répétez l'opération jusqu'à épuisement des ingrédients. Terminez par une couche de sauce.
Recouvrez de parmesan et de chapelure et enfournez 40 minutes.
Sortez le plat du four et dégustez chaud.

2 Portions

346 Calories par portion

19,2 g Glucides

11,2 g Lipides

22,3 g Protéines

LASAGNES FIT

végétariennes aux courgettes

Pour 2 personnes
Préparation : 20 min
Cuisson : 15 min

300 g de courgettes

150 g de sauce tomate

150 g de fromage (emmental râpé ou parmesan)

1 gousse d'ail

Les feuilles de 4 tiges de basilic

Huile d'olive

Sel, poivre

Épluchez, dégermez la gousse d'ail et hachez-la finement. Mettez-la dans une casserole avec la sauce tomate. Salez, poivrez. Rincez les feuilles de basilic et hachez-les grossièrement. Ajoutez dans la casserole, mélangez et laissez réduire sur feu doux, le temps de préparer le reste de la recette.
Rincez les courgettes, coupez les extrémités et détaillez-les en fines lamelles à l'aide d'une mandoline ou d'un économe.
Faites revenir les lamelles de courgette sur une plancha, au four ou à la poêle avec un filet d'huile d'olive. Elles doivent être légèrement grillées.
Préchauffez le four à 180 °C (th. 6).
Dans un plat à gratin, étalez une fine couche de sauce, puis une couche de lamelles de courgette, une couche de sauce et ainsi de suite jusqu'à épuisement des ingrédients. À mi-parcours, répartissez la moitié du fromage et continuez de monter les couches. Terminez par une couche de sauce.
Répartissez le reste de fromage et enfournez pour 15 minutes.
Sortez les lasagnes du four et dégustez-les bien chaudes.

2 Portions | **385** Calories par portion | **6,8 g** Glucides | **23,8 g** Lipides | **23 g** Protéines

Pour 2 personnes
Préparation : 15 min
Cuisson : 40 min

2 pavés de cabillaud

2 biscottes type Wasa® aux fibres

2 œufs

2 patates douces

2 cuil. à soupe d'huile d'olive

2 cuil. à café de paprika fumé

1 cuil. à café d'ail en poudre

Huile d'olive

Sel, poivre

FAT-FISH & CHIPS

Préchauffez le four à 200 °C (th. 6-7).
Épluchez et taillez les patates douces en forme de potatoes et placez-les dans un saladier. Ajoutez l'huile d'olive, le paprika, un peu de sel et de poivre. Mélangez bien pour les enrober.
Préparez une plaque avec du papier cuisson. Étalez-les dessus en faisant en sorte qu'elles ne se chevauchent pas. Faites-les cuire pendant 40 minutes.
Pendant ce temps, préparez la panure. Mixez les Wasa® jusqu'à obtenir une poudre fine. Placez-la dans une assiette creuse. Ajoutez l'ail et mélangez.
Dans une seconde assiette, battez les œufs.
Salez et poivrez les pavés de poisson. Trempez-les dans les œufs, puis dans la chapelure. Faites-les cuire 4 minutes de chaque côté dans une poêle huilée.
Servez les poissons panés avec les frites de patate douce et la sauce de votre choix.

2 Portions | **366** Calories par portion | **34 g** Glucides | **11,7 g** Lipides | **30,9 g** Protéines

TARTE FINE

tomates cerises et gouda

Préchauffez le four à 180 °C (th. 6).
Rincez les tomates cerises et coupez-les en deux.
Rincez le poivron, coupez-le en quatre, retirez les parties blanches et les pépins. Coupez-le en petits dés.
Étalez la pâte sur une plaque recouverte de papier cuisson.
Piquez-la avec une fourchette.
Répartissez les tomates, la face bombée sur la pâte.
Ajoutez les dés de poivron, salez, poivrez et saupoudrez d'herbes de Provence.
Versez un peu d'huile d'olive.
Râpez le gouda par-dessus ou faites des copeaux à l'aide d'un économe.
Enfournez pour 20 à 30 minutes suivant le four.
Sortez la tarte t dégustez aussitôt.

4 Portions | **228** Calories par portion | **11,6 g** Glucides | **16,2 g** Lipides | **8,2 g** Protéines

Pour 4 personnes
Préparation : 10 min
Cuisson : 20 à 30 min

250 g de tomates cerises multicolores

100 g de gouda vieux

1 pâte brisée (ou feuilletée)

1 gros poivron jaune

Herbes de Provence

Huile d'olive

Sel, poivre

Pour 6 personnes
Préparation : 15 min
Cuisson : 45 min

300 g de carottes râpées

200 g de saumon fumé

150 g de farine T55

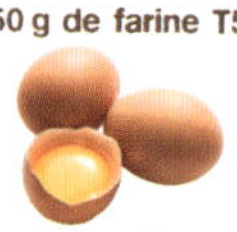

4 œufs

4 cl d'huile (olive, coco…)

2 tiges d'aneth

1 sachet de levure chimique

1/2 oignon rouge

Sel, poivre

CAKE AUX CAROTTES

et saumon fumé

Préchauffez le four à 160 °C (th. 5-6).
Mélangez la farine, la levure, les œufs, l'huile, un peu de sel et de poivre dans un saladier. Ajoutez 6 cl d'eau et mélangez bien pour ne pas faire de grumeaux. Ajoutez les carottes.
Épluchez et coupez l'oignon en petits dés et ajoutez-le. Ciselez l'aneth par-dessus.
Coupez le saumon fumé en cubes ou en lamelles.
Ajoutez-les à la préparation et mélangez bien.
Chemisez de papier cuisson un moule à cake (sauf si le moule est en silicone).
Versez le contenu du saladier dans le moule et enfournez pour 45 minutes environ.
Vérifiez la cuisson, en plantant la pointe d'un couteau dans le cake.
Elle doit ressortir sèche.
Sortez le moule du four, démoulez le cake et laissez refroidir sur une grille.

6 Portions

258 Calories par portion

23,3 g Glucides

12,6 g Lipides

14,2 g Protéines

CRUMBLE SALÉ

Préchauffez le four à 180 °C (th. 6).
Épluchez la courge, retirez les pépins et coupez-la en cubes pas trop gros. Réservez.
Rincez les poireaux, coupez-les en rondelles pas trop grosses.
Portez une casserole d'eau salée à ébullition et plongez les légumes 8 minutes à feu moyen.
Préparez le crumble. Coupez le beurre en petits morceaux.
Dans un bol, mélangez du bout des doigts la farine, le parmesan, le sel, le poivre, 1/2 cuillerée à café de curry et le beurre. Une fois le mélange sableux obtenu, ajoutez les flocons d'avoine et amalgamez de nouveau. Réservez.
Égouttez les légumes, versez-les dans un plat à gratin avec la crème d'avoine.
Épluchez et coupez l'oignon en fines lamelles. Ajoutez-les dans le plat, salez, poivrez et mélangez.
Recouvrez de crumble et enfournez pour 15 minutes.
Sortez le plat du four et dégustez !

2 Portions

493 Calories par portion

52,3 g Glucides

29 g Lipides

19 g Protéines

Pour 2 personnes
Préparation : 15 min
Cuisson : 23 min

600 g de courge

200 g de poireaux

15 cl de crème d'avoine ou de riz

1/2 oignon jaune

Sel, poivre

Pour l'appareil à crumble

70 g de farine de blé

70 g de flocons d'avoine

50 g de parmesan râpé

50 g de beurre froid

Curry en poudre

Sel, poivre

Pour 2 personnes
Préparation : 15 min
Cuisson : 20 min environ

200 g de brocoli

10 cl de lait de coco

2 filets de poulet

1 avocat

1/2 cuil. à café de curry en poudre

1/2 cuil. à café de paprika en poudre

Huile de coco

Sel, poivre

POULET À L'AVOCAT,

brocoli et sauce coco

Séparez les fleurettes de brocoli et plongez-les 7 à 8 minutes dans une casserole d'eau bouillante salée.
Épluchez l'avocat et détaillez-le en lamelles. Réservez.
Égouttez le brocoli et passez-le sous l'eau très froide.
Coupez les filets de poulet en lamelles et faites-les revenir dans une poêle avec un peu d'huile de coco.
Dès que le poulet a une jolie coloration et qu'il est cuit, ajoutez le lait de coco, les épices, salez, poivrez et poursuivez la cuisson 2 minutes.
Ajoutez les légumes, mélangez délicatement et poursuivez la cuisson 1 à 2 minutes. Servez avec du riz ou du quinoa.

2 Portions

469 Calories par portion

6,3 g Glucides

34,6 g Lipides

29,2 g Protéines

TOMATES

à la provençale à l'avoine

Pour 2 personnes
Préparation : 10 min
Cuisson : 30 min

15 g de flocons d'avoine

10 g de chapelure

10 g de son d'avoine

3 tomates rondes

2 cuil. à soupe de persil frais haché

1 gousse d'ail

1/2 cuil. à café d'origan déshydraté

Huile d'olive

Sel, poivre

Préchauffez le four à 200 °C (th. 6-7).
Rincez les tomates et coupez-les en deux dans l'épaisseur.
Déposez-les dans un plat à gratin ou sur une plaque recouverte de papier cuisson.
Épluchez la gousse d'ail et pressez-la ou hachez-la dans un bol.
Ajoutez le reste des ingrédients (sauf l'huile) et mélangez.
Répartissez le mélange sur les tomates, ajoutez un filet d'huile d'olive et enfournez pour 30 minutes environ, suivant le four.
Sortez les tomates et dégustez avec une portion de riz ou de boulgour.

2 Portions

98 Calories par portion

10,3 g Glucides

3,3 g Lipides

2,6 g Protéines

Pour 1 personne
Préparation : 10 min
Cuisson : 10 min environ

100 g de crevettes cuites décortiquées

75 g de riz à sushi

1 poignée de carottes râpées

1/4 de mangue

1/2 avocat

Graines de sésame

Sauce soja réduite en sel

POKE BOWL

aux crevettes, avocat et mangue

Faites cuire le riz en suivant les indications du paquet. Épluchez et détaillez la mangue en petits cubes et l'avocat en lamelles fines (ou en cubes). Réservez. Égouttez le riz et passez-le sous l'eau froide. Versez dans un bol et répartissez les légumes, la mangue et les crevettes par-dessus. Saupoudrez de graines de sésame et d'un filet de sauce soja.

1 bol

726 Calories

83,5 g Glucides

23,5 g Lipides

36,9 g Protéines

COURGE BUTTERNUT

farcie

Préchauffez le four à 180 °C (th. 6).
Coupez la courge en deux, retirez les graines et creusez un peu la chair (que vous réserverez) pour pouvoir déposer la garniture. Salez, poivrez et arrosez d'un filet d'huile d'olive. Déposez dans un plat à gratin et enfournez pour 40 minutes.
Pendant ce temps, faites cuire le quinoa en suivant les indications du paquet.
Coupez la betterave en cubes ; placez-les dans un saladier.
Rincez les olives, hachez-les et ajoutez-les dans le saladier.
Hachez la chair de la courge réservée et ajoutez-la.
Salez, poivrez, ajoutez le persil et le cumin et mélangez le tout.
Égouttez le quinoa et versez-le dans le saladier.
Mélangez de nouveau, la farce est prête.
Sortez la courge du four, garnissez avec la farce et émiettez le fromage de chèvre.
Enfournez de nouveau pour 20 minutes.
Sortez la courge du four et dégustez bien chaud !

4 Portions | 332 Calories par portion | 62,1 g Glucides | 6,4 g Lipides | 9,6 g Protéines

Pour 4 personnes
Préparation : 20 min
Cuisson : 1 h

1 courge butternut (1 kg environ)

300 g de betterave cuite

160 g de quinoa

160 g de fromage de chèvre frais

80 g d'olives noires dénoyautées

2 cuil. à soupe de persil frais haché

1 cuil. à café de cumin en poudre

Huile d'olive

Sel, poivre

Pour 1 personne
Préparation : 10 min
Cuisson : 10 min

80 g de blanc de dinde grillé

50 g de laitue

20 g de fromage blanc

3 tiges de ciboulette

2 radis boule

1 pain à bagel

1/2 courgette

1/4 de cuil. à café d'herbes de Provence

Huile de coco

Sel, poivre

BAGEL D'ÉTÉ

Rincez la courgette et coupez-la en rondelles pas trop épaisses.
Faites-les revenir 8 à 10 minutes à la poêle (ou au four) avec un peu d'huile de coco, du sel, du poivre et les herbes de Provence.
Nettoyez et ciselez la ciboulette.
Mélangez dans un bol la ciboulette, le fromage blanc et un peu de poivre.
Rincez et séchez les feuilles de salade.
Rincez les radis et coupez-les en rondelles fines.
Lorsque la courgette est grillée, sortez-la de la poêle et laissez-la refroidir.
Coupez le bagel en deux.
Pour le dressage, tartinez la moitié de la sauce sur une tranche du bagel, déposez les rondelles de radis, la salade puis la courgette.
Ajoutez la dinde et terminez avec le reste de sauce au fromage blanc.
Refermez le bagel et dégustez.

1 Portion	497 Calories	66,5 g Glucides	14,1 g Lipides	27,4 g Protéines

RIZ AU POIVRON

et à la feta

Faites cuire le riz en suivant les indications du paquet.
Rincez le poivron et coupez-le en deux. Retirez les parties blanches et les pépins. Détaillez-le en petits dés. Faites-les revenir à feu moyen dans une poêle avec un peu d'huile d'olive et l'ail en poudre.
Égouttez le maïs et réservez.
Rincez les feuilles de basilic et hachez-les. Réservez.
Rincez les olives et coupez-les en rondelles. Réservez.
Ajoutez le riz (égoutté) et le maïs dans la poêle.
Poursuivez la cuisson 2 minutes.
Salez, poivrez, ajoutez le basilic, les olives et émiettez la feta.
Mélangez et servez.

2 Portions

349 Calories par portion

46,7 g Glucides

13 g Lipides

9,9 g Protéines

Pour 2 personnes
Préparation : 15 min
Cuisson : 15 min environ

100 g de riz basmati

100 g de maïs cuit

60 g de feta

40 g d'olives noires dénoyautées

1 poivron rouge

1 pincée d'ail semoule

2 branches de basilic

Huile d'olive

Sel, poivre

Pour 1 personne
Préparation : 10 min
Repos : 1 h
Cuisson : 5 min

200 g de champignons

12 cl de lait
(de vache ou végétal)

80 g de bresaola

75 g de flocons d'avoine

15 g de parmesan en copeaux

1 cuil. à café de graines de chia

1 pincée d'ail semoule

1/2 cuil. à café de paprika

Huile d'olive

Sel, poivre

BIRCHER
aux champignons grillés et parmesan

Mélangez le lait, les graines de chia, l'ail et les flocons d'avoine dans un bol. Salez, poivrez et couvrez d'un film alimentaire. Laissez reposer 1 heure au réfrigérateur. Préparez les champignons. Coupez les pieds, rincez-les et coupez-les en lamelles. Faites-les griller dans une poêle avec un peu d'huile d'olive, du sel, du poivre et le paprika. Une fois bien grillés, réservez. Coupez la bresaola en lanières. Réservez. Sortez le bircher du réfrigérateur, ajoutez dessus les champignons grillés, les lamelles de bresaola et les copeaux de parmesan.

1 Portion | 607 Calories | 52,9 g Glucides | 19,7 g Lipides | 52,7 g Protéines

TIAN DE COURGETTE,

patates douces et mozzarella

Pour 2 personnes
Préparation : 20 min
Cuisson : 45 min

2 petites patates douces

2 boules de mozzarella

1 courgette moyenne

1 oignon rouge

1 cuil. à café d'origan déshydraté

1/2 cuil. à café de curry

Huile d'olive

Sel, poivre

Préchauffez le four à 180 °C (th. 6).
Rincez la courgette, coupez les extrémités et détaillez-les en fines rondelles.
Épluchez les patates douces et l'oignon. Coupez-les en fines rondelles.
Réservez dans 2 contenants différents.
Coupez les boules de mozzarella en fines rondelles. Réservez.
Mélangez 2 cuillerées à soupe d'huile d'olive, le curry et l'origan dans un bol.
Graissez un plat à gratin. Déposez-y les rondelles sur la tranche en alternant : une rondelle de patate douce, une de courgette, une d'oignon et ainsi de suite.
Ajoutez les tranches de mozzarella de façon aléatoire.
Arrosez avec le contenu du bol, salez et poivrez. Recouvrez le plat d'une feuille de papier aluminium et enfournez pour 45 minutes environ, suivant le four.
Les légumes doivent être tendres. Vérifiez la cuisson en piquant la pointe d'un couteau dans une patate. La pointe doit ressortir sèche.
Sortez le tian du four et dégustez aussitôt.

2 Portions

562 Calories par portion

50,6 g Glucides

27,7 g Lipides

27,1 g Protéines

MULTI-COMBINAISONS SALÉES

SALADE

Pour composer vos salades vous tournez en rond
et faites toujours la même chose ? Envie de changer ?
Voici quelques combinaisons ultrapratiques pour vous aider au quotidien.

Quelques idées en vrac :

mesclun
+

riz complet
+

tomates
+

feta
=

chou kale
+

patates douces
+

mozzarella
+

concombre
=

roquette
+

quinoa
+

œufs durs
+

carottes
=

Terminez en ajoutant l'assaisonnement de votre choix !

PIZZA

Vous voulez changer des pizzas classiques, commencez par twister votre base.
Pour cela, utilisez une pâte à base de patate douce ou de chou-fleur râpé.
Ou utilisez si vous n'avez pas le temps, une pâte à pizza classique, vous boosterez la garniture.

Quelques idées en vrac :

SANDWICH

Pour les sandwichs c'est pareil, lâchez-vous sur les mix & match, sortez de la routine !
Référez-vous aux idées ci-dessous pour faire vos propres mélanges.

Quelques idées en vrac :

pain viking + **carré frais** + **avocat** + **blanc de dinde** =

pain de seigle + **houmous** + **concombre** + **épinards** =

pain tradition + **Philadelphia® light** + **carottes râpées** + **poulet grillé** =

PÂTES

Quelles soient chaudes ou froides, les options sont infinies !
Suivez le guide et réalisez des associations auxquelles vous n'auriez pas pensé.

Quelques idées en vrac :

pâtes complètes
+

courgettes
+

crevettes
+

pesto
=

pâtes fraîches
+

brocoli
+

aubergines grillées
+

parmesan
=

pâtes longues
+

olives
+

thon
+

huile d'olive
=

pâtes aux légumes
+

feta rôtie au four
+

petits pois
+

sauce tomate
=

DESSERTS À PARTAGER

Pour 1 moule à savarin de 22 cm de diamètre
Préparation : 15 min
Cuisson : 55 min

220 g de farine complète

160 g de sucre (blanc, canne, coco…)

160 g de chair de pomme pelée et sans pépins

100 g de chair de banane mûre

90 g de carottes épluchées et sans les extrémités (3 petites environ)

7 cl d'huile neutre ou de coco

14 g de levure chimique

2 œufs moyens

Le jus de 1 citron jaune

1 pincée de sel

Le parfum de votre choix : cannelle, vanille…

Beurre pour le moule

Sucre ou farine pour le moule

SMOOTHIE CAKE

Coupez les carottes en rondelles fines. Versez dans un robot mixeur. Coupez grossièrement la pomme et ajoutez-la dans le mixeur. Mixez énergiquement jusqu'à obtenir une sorte de pulpe de fruit. Ajoutez l'huile, la chair de banane et un peu de jus de citron. Mixez. Battez les œufs avec le sucre et le sel. Versez dans le mixeur et continuez de mélanger à faible vitesse. Terminez par la farine, la cannelle ou la vanille et la levure. Augmentez à vitesse moyenne et stoppez une fois que la consistance est homogène. Beurrez et blanchissez le moule (avec la farine ou le sucre). Versez l'appareil et enfournez pour 55 minutes environ. Vérifiez la cuisson en piquant la pointe d'un couteau dans le cake. Elle doit ressortir sèche. Ouvrez la porte du four et laissez-le ouvert pendant 5 minutes avant de sortir le moule, de démouler le gâteau et de le laisser refroidir.

12 Portions | 207 Calories par portion | 30,2 g Glucides | 7,7 g Lipides | 4 g Protéines

FAT-CAKE

au son d'avoine, poires et pépites de chocolat

Pour 1 cake
Préparation : 15 min
Cuisson : 45 min

200 g de dés de poire épluchée, bien mûre

150 g de compote (pomme, poire...) sans sucre ajouté

120 g de petits flocons d'avoine

120 g de fromage blanc à 0 %

60 g de son d'avoine

50 g de pépites de chocolat

40 g de sucre en poudre (ou édulcorant au choix)

3 œufs

1 cuil. à café de levure chimique

Préchauffez le four à 180 °C (th. 6).
Dans un bol, mélangez la compote avec le fromage blanc et les œufs.
Fouettez jusqu'à obtenir un mélange homogène. Ajoutez le sucre, le son d'avoine, les flocons et la levure. Mélangez à nouveau. Versez enfin les dés de poire et les pépites de chocolat. Mélangez délicatement.
Recouvrez un moule à cake de papier cuisson (sauf si le moule est en silicone).
Versez la préparation dans le moule et enfournez pour 45 minutes environ.
Vérifiez la cuisson en piquant la pointe d'un couteau dans le cake. Elle doit ressortir sèche.
Sortez le moule du four et laissez-le refroidir.
Placez le gâteau moelleux au réfrigérateur pour le conserver.

12 Portions

127 Calories par portion

15 g Glucides

3,4 g Lipides

5 g Protéines

Pour 1 cake
Préparation : 10 min
Cuisson : 45 min

240 g de farine T80

20 cl de lait végétal (soja, amande...)

100 g de pépites de chocolat

75 g de sucre de coco

75 g d'huile de coco

40 g de cacao

3 œufs

1 cuil. à soupe d'extrait de vanille liquide

1 sachet de levure chimique

FAT-GÂTEAU
tout choco

Préchauffez le four à 180 °C (th. 6).
Dans un saladier, fouettez les œufs et le sucre jusqu'à ce que le mélange devienne mousseux.
Tout en continuant de fouetter, versez l'huile de coco, puis le lait végétal, la farine, le cacao et la levure. Vous devez obtenir une préparation homogène et sans grumeaux. Ajoutez 70 g environ de pépites de chocolat et mélangez.
Chemisez le moule à cake de papier cuisson (sauf si le moule est en silicone) et versez la préparation dedans. Répartissez le reste des pépites de chocolat sur le dessus et enfournez pour 45 minutes environ.
Vérifiez la cuisson en piquant la pointe d'un couteau dans le cake. Elle doit ressortir sèche.
Sortez le gâteau du four, démoulez-le et laissez-le refroidir sur une grille.

12 Portions | 155 Calories par portion | 22,7 g Glucides | 5 g Lipides | 4,54 g Protéines

MINI-GÂTEAU ZÉBRÉ

Préchauffez le four à 180 °C (th. 6).
Mélangez dans un saladier les farines. Tout en fouettant, ajoutez les œufs, puis le sirop, l'huile, la vanille et 1 cuillerée à café de lait.
Une fois que le mélange obtenu est bien homogène, divisez la préparation en deux.
Laissez une des préparations nature et dans la seconde ajoutez le cacao et le lait restant. Mélangez.
Beurrez et farinez un petit moule rond. Versez 1 cuillerée à soupe de pâte nature au centre du moule. Ajoutez par-dessus 1 cuillerée à soupe de pâte au chocolat. Et ainsi de suite, jusqu'à épuisement de la pâte.
La préparation va s'étaler au fur et à mesure et donnera le beau motif zébré.
Enfournez pour 30 minutes environ. Le temps de cuisson va dépendre de la taille du moule et du four.
Vérifiez la cuisson en piquant la pointe d'un couteau dans le gâteau. Elle doit ressortir sèche.
Sortez le gâteau du four, démoulez-le et laissez-le refroidir.

12 Portions

55 Calories par portion

5 g Glucides

2,6 g Lipides

2,4 g Protéines

Pour 1 petit gâteau individuel
Préparation : 15 min
Cuisson : 30 min

75 g de farine d'avoine

75 g de farine de blé semi-complète

3 œufs

2 cuil. à soupe de sirop d'agave

1 cuil. à soupe d'huile de coco

2 cuil. à café de lait de soja (ou autre)

1 cuil. à café d'extrait de vanille liquide

1 cuil. à café de cacao amer en poudre

Beurre pour le moule

Farine pour le moule

Pour 1 cake
Préparation : 10 min
Cuisson : 30 min

150 g de son d'avoine

100 g de yaourt grec (ou skyr, soja)

50 g de pépites de chocolat

2 œufs

2 bananes mûres

2 cuil. à soupe de miel

1 blanc d'œuf

1 sachet de levure

1 pincée de sel

FAT-BANANA BREAD

aux pépites de chocolat

Préchauffez le four à 190 °C (th. 6-7).
Dans un saladier, écrasez la chair des bananes à l'aide d'une fourchette.
Ajoutez le yaourt, les œufs, le blanc d'œuf, le miel et mélangez.
Versez ensuite le son d'avoine, la levure et le sel.
Mélangez jusqu'à ce que la préparation soit lisse et homogène.
Incorporez les pépites de chocolat dans la préparation. Mélangez.
Chemisez un moule à cake avec du papier cuisson (sauf si le moule est en silicone) et versez la préparation.
Enfournez pour 30 minutes.
Vérifiez la cuisson en piquant la pointe d'un couteau dans le cake. Elle doit ressortir sèche.
Sortez le gâteau, démoulez-le et laissez-le refroidir sur une grille.

12 Portions | 114 Calories par portion | 7,5 g Glucides | 3,4 g Lipides | 4,8 g Protéines

GÂTEAU MOELLEUX

avoine, pomme et pépites de chocolat

Pour 1 gâteau rond de 18 cm de diamètre
Préparation : 10 min
Cuisson : 35 min

250 g de fromage blanc

120 g de flocons d'avoine

100 g de compote de pommes

50 g de pépites de chocolat

2 œufs

1 petite pomme épluchée coupée en morceaux

1 cuil à café de levure chimique

Cannelle

Dans un saladier, fouettez le fromage blanc avec la compote. Ajoutez les œufs et fouettez. Versez les flocons d'avoine, la levure, un peu de cannelle (selon les goûts) et mélangez de nouveau. Déposez les morceaux de pomme et amalgamez délicatement avec une spatule. Préchauffez le four à 180 °C (th. 6). Chemisez un moule avec du papier cuisson (ou beurrez et farinez) et versez la préparation. Répartissez sur le dessus les pépites de chocolat et enfournez pour 35 minutes environ. Vérifiez la cuisson en piquant la pointe d'un couteau dans le gâteau. Elle doit ressortir sèche. Sortez le gâteau du four et laissez-le refroidir. Le gâteau se conserve plusieurs jours au réfrigérateur.

12 Portions | 94 Calories par portion | 10,9 g Glucides | 3,1 g Lipides | 4,8 g Protéines

Pour 1 cake
Préparation : 20 min
Cuisson : 40 min

225 g de farine de blé semi-complète (ou épeautre)

80 g de noisettes

75 g de sirop d'agave

75 g d'huile de coco fondue

3 œufs

3 poires

1 cuil. à soupe de levure chimique

1 cuil. à café de vanille en poudre

CAKE POIRES,

vanille et noisettes

Préchauffez le four à 180 °C (th. 6).
Fouettez dans un saladier les œufs avec le sirop d'agave.
Versez la farine, la levure, la vanille et mélangez.
Faites de même avec l'huile de coco.
Concassez grossièrement les noisettes et ajoutez-les dans le saladier.
Épluchez les poires, retirez le cœur et détaillez-les en petits cubes.
Ajoutez-les et mélangez-les délicatement à la préparation précédente.
Chemisez un moule à cake avec du papier cuisson
(sauf si le moule est en silicone) et versez la préparation.
Enfournez pour 40 minutes environ.
Vérifiez la cuisson en piquant la pointe d'un couteau
dans le cake. Elle doit ressortir sèche.
Démoulez le cake et laissez-le refroidir sur une grille.

12 Portions

172 Calories par portion

22,5 g Glucides

6,7 g Lipides

5,1 g Protéines

GÂTEAU
paradis vegan

Préchauffez le four à 180 °C (th. 6).
Dans un saladier, mélangez les farines, la levure, la vanille et l'édulcorant. Zestez le citron par-dessus.
Faites un puits au centre. Versez 25 cl d'eau, l'huile de coco et 1 trait de jus de citron. Mélangez bien au fouet ou au robot, jusqu'à obtenir une consistance lisse et homogène.
Graissez et farinez le moule. Versez la préparation et enfournez pour 35 minutes environ.
Vérifiez la cuisson en piquant la pointe d'un couteau dans le gâteau. Elle doit ressortir sèche.
Sortez le gâteau du four et laissez-le refroidir.

12 Portions

118 Calories par portion

7,3 g Glucides

8,1 g Lipides

3,5 g Protéines

Pour 1 moule rond de 20 cm
Préparation : 10 min
Cuisson : 35 min

125 g de farine d'amande

125 g de farine complète

80 g de stevia (ou sucrant au choix)

30 g d'huile de coco (ou arachide)

1 sachet de levure chimique

1/2 cuil. à café de vanille en poudre

1 citron jaune bio

Farine pour le moule

Beurre pour le moule

Pour 1 cake
Préparation : 15 min
Cuisson : 25 à 30 min

Pour le cake

160 g de farine T80

120 g de chair de banane

100 g de fromage blanc

80 g de beurre de cacahuète

50 g de sucre de coco

3 œufs

1 sachet de levure chimique

Pour le glaçage

30 g de pâte à tartiner

20 g de fromage frais type St Môret®

15 g de noisettes

10 g de miel

1 cuil. à soupe de lait

FAT-CAKE

beurre de cacahuète

Préchauffez le four à 180 °C (th. 6).
Dans un saladier, écrasez, à l'aide d'une fourchette, la chair de banane jusqu'à obtenir une consistance de purée lisse.
Ajoutez le beurre de cacahuète et mélangez.
Dans un deuxième saladier, battez les œufs avec le sucre jusqu'à ce que le mélange devienne mousseux. Ajoutez le fromage blanc, la levure et la farine, tout en continuant à battre.
Versez la purée de bananes dans le saladier et mélangez de nouveau.
Chemisez un moule à cake avec du papier cuisson (sauf si le moule est en silicone) et versez la préparation. Enfournez pour 25 à 30 minutes.
Pendant ce temps, fouettez ensemble les ingrédients du glaçage.
Vérifiez la cuisson en piquant la pointe d'un couteau dans le cake. Elle doit ressortir sèche. Sortez le cake, démoulez-le et laissez refroidir.
Couvrez-le du glaçage à l'aide d'une spatule et dégustez.

12 Portions | 133 Calories par portion | 12,2 g Glucides | 5,9 g Lipides | 5,9 g Protéines

FAT-CAKE

yaourt et miel

Préchauffez le four à 180 °C (th. 6).
Dans un bol, mélangez le yaourt et le miel.
Dans un second bol, tamisez la farine.
Dans un saladier, fouettez les œufs au batteur pendant 1 minute.
Ajoutez en filet l'huile tout en continuant de battre. Versez la farine tamisée et la levure. Battez à nouveau. Ajoutez le mélange yaourt/miel.
Rincez et zestez le citron sur la préparation.
Mélangez à nouveau jusqu'à obtenir une consistance lisse et homogène.
Chemisez un moule à cake avec du papier cuisson (sauf si le moule est en silicone) et versez la préparation. Répartissez les amandes effilées sur le dessus (facultatif).
Enfournez pour 40 à 45 minutes.
Vérifiez la cuisson en piquant la pointe d'un couteau dans le cake. Elle doit ressortir sèche.
Sortez le cake du four, démoulez-le et laissez-le refroidir.

12 Portions | 142 Calories par portion | 18 g Glucides | 5,7 g Lipides | 6,1 g Protéines

Pour 1 cake
Préparation : 10 min
Cuisson : 40 à 45 min

280 g de farine T80

150 g de yaourt grec

8 cl d'huile de coco

70 g de miel

3 œufs

2 poignées d'amandes effilées (facultatif)

1 sachet de levure chimique

1 citron jaune bio

Pour 1 cake
Préparation : 15 min
Cuisson : 30 à 40 min

200 g de chocolat noir

200 g de courgette

70 g de sucre de coco

70 g de farine T80

11 g de levure chimique

5 g de cacao amer en poudre

3 œufs

MOELLEUX

chocolat-courgette

Préchauffez le four à 180 °C (th. 6).
Rincez la courgette et râpez-la finement dans une passoire au-dessus d'un bol pour qu'elle rende son eau pendant la préparation de la recette.
Faites fondre le chocolat noir au bain-marie.
Dans un saladier, battez les œufs avec le sucre jusqu'à obtenir un mélange mousseux, légèrement blanc et qui a doublé de volume.
Versez en filet le chocolat fondu tout en continuant à battre. Ajoutez la levure et la farine et poursuivez jusqu'à obtenir une consistance lisse et homogène.
Ajoutez la courgette et mélangez avec une spatule.
Chemisez un moule rond (sauf si le moule est en silicone) et versez la préparation.
Enfournez pour 30 à 40 minutes. Vérifiez la cuisson en piquant la pointe d'un couteau dans le gâteau. Elle doit ressortir sèche.
Sortez le gâteau du four et laissez-le refroidir.
Saupoudrez-le de cacao avant de le déguster.

12 Portions

131 Calories par portion

9,3 g Glucides

8,3 g Lipides

3,8 g Protéines

CHEESECAKE

tofu et noisettes

Pour 6 personnes
Préparation : 20 min
Cuisson : 40 min

300 g de tofu soyeux

200 g de biscuits sans sucre (type digestive)

20 cl de lait de noisette

50 g de sucre de coco

40 g de farine de noisette

30 g de Maïzena®

2 œufs

2 cuil. à soupe d'huile de coco

Préchauffez le four à 180 °C (th. 6).
Mixez les biscuits finement et ajoutez l'huile de coco.
Découpez un rond de papier cuisson un peu plus grand que le moule et placez-le au fond du moule. Tapissez le fond avec le mélange au biscuit, en lissant bien avec le dos d'une cuillère pour avoir une couche bien uniforme.
Préparez l'appareil. Tamisez la farine et mélangez-la avec la Maïzena®.
Dans un saladier, mélangez le tofu, le lait et les œufs. Ajoutez le sucre et le mélange farine/Maïzena®. Remuez jusqu'à obtenir une pâte lisse et homogène.
Versez la préparation dans le moule et enfournez pour 40 minutes.
La texture sera semblable à celle d'un flan.

Conseils

Idéalement, utilisez un moule à charnière ou un cercle à pâtisserie.
Dégustez le cheesecake avec un coulis de framboises ou du beurre de cacahuète.

6 Portions

267 Calories par portion

30,5 g Glucides

13 g Lipides

7,7 g Protéines

Pour 1 gâteau
Préparation : 10 min
Cuisson : 10 à 15 min

180 g de blanc d'œuf

50 g de dattes dénoyautées

50 g de ricotta

30 g de farine d'épeautre

20 g de noix

5 g de cacao amer en poudre

1 1/2 cuil. à café de levure chimique

1 1/2 cuil. à café de sirop d'érable

FAT-BROWNIE

à la ricotta

Préchauffez le four à 200 °C (th. 6-7).
Coupez les dattes en deux et placez-les dans le bol d'un mixeur.
Ajoutez la ricotta et le blanc d'œuf et mixez énergiquement jusqu'à obtenir une consistance lisse et homogène.
Versez le sirop d'érable et donnez une nouvelle impulsion.
Ajoutez les éléments en poudre et mixez de nouveau.
Concassez finement les noix et ajoutez-les au mélange.
Versez la préparation dans un moule en silicone de préférence.
Enfournez pour 10 à 15 minutes.
Sortez le gâteau du four et laissez-le refroidir avant de le déguster.

6 Portions | **90** Calories par portion | **11 g** Glucides | **3,3 g** Lipides | **3,7 g** Protéines

FAT-BROWNIE

au beurre de cacahuète crunchy

Préchauffez le four à 180 °C (th. 6).
Faites fondre le chocolat au bain-marie.
Pendant ce temps, mélangez les ingrédients secs dans un saladier.
Versez le chocolat fondu par-dessus et mélangez.
Ajoutez les œufs un par un en mélangeant bien entre chaque ajout.
Versez l'huile de coco et le beurre de cacahuète. Battez énergiquement jusqu'à obtenir une consistance lisse et homogène.
Beurrez et farinez, ou chemisez un moule de papier cuisson. Versez la préparation.
Faites ramollir 2 cuillerées à soupe de beurre de cacahuète et déposez-les sur le dessus. À l'aide d'une fourchette, dessinez des vagues dans la pâte.
Enfournez pour 25 minutes.
Sortez le brownie du four et laissez-le refroidir avant de le déguster.

12 Portions — **354** Calories par portion — **38,1 g** Glucides — **18,9 g** Lipides — **5,7 g** Protéines

Pour 6 personnes
Préparation : 10 min
Cuisson : 25 min

280 g de sucre (blanc, canne, coco…)

200 g de chocolat noir

140 g de farine

100 g d'huile de coco fondue

75 g de beurre de cacahuète crunchy + 2 cuil. à soupe pour le décor

40 g de cacao amer en poudre

4 œufs

1 cuil. à café de levure chimique

Farine pour le moule

Beurre pour le moule

Pour 1 tarte de 24 cm de diamètre
Préparation : 20 min
Cuisson : 10 à 15 min
Repos : 1 nuit

Pour la base

150 g de flocons d'avoine

140 g de yaourt grec

20 g d'huile de coco

20 g de miel (ou autre édulcorant)

6 biscuits sans sucre (type digestive)

2 g de levure chimique

Pour la crème

60 g de beurre mou

30 g de yaourt grec

1 cuil. à soupe de cacao amer en poudre

1 cuil. à soupe de miel (ou autre édulcorant)

Lait végétal

Pour le topping

Pépites de chocolat

2 biscuits sans sucre (type digestive)

TARTE AU « BEURTELLA »

Mettez les biscuits et les flocons d'avoine dans le bol d'un robot puis hachez-les. Versez dans un saladier et ajoutez le reste des ingrédients pour la base de la tarte. Une fois que la consistance est bien homogène et que la pâte ne colle plus (sinon ajoutez des flocons d'avoine mixés), formez une boule. Filmez et laissez reposer au frais.
Préparez la crème. Dans un bol, mélangez le beurre et le cacao à l'aide d'un fouet. Ajoutez le yaourt et le miel et fouettez bien. Ajoutez petit à petit du lait végétal jusqu'à obtenir une consistance de crème épaisse et lisse. Veillez à ce qu'elle ne soit pas trop liquide.
Préchauffez le four à 180 °C (th. 6).
Sortez la pâte du réfrigérateur et étalez-la finement sur une feuille de papier cuisson. Placez la pâte avec le papier dans un moule à tarte. Piquez-la avec une fourchette et enfournez pour 10 à 15 minutes. Surveillez la coloration de la pâte.
Sortez la tarte du four et laissez-la refroidir. Garnissez la tarte avec le « beurtella ». Répartissez dessus les pépites de chocolat et émiettez les biscuits.
Placez au réfrigérateur toute une nuit avant de déguster.

12 Portions | **137** Calories par portion | **13,7 g** Glucides | **7,3 g** Lipides | **3,8 g** Protéines

FAT-COULANT

au chocolat

Préchauffez le four à 180 °C (th. 6).
Faites fondre le chocolat au bain-marie.
Dans un saladier, mélangez les œufs avec la farine, puis la compote de pommes.
Ajoutez le chocolat et mélangez jusqu'à obtenir une consistance lisse et homogène.
Graissez et farinez 4 moules. Répartissez-y la moitié de la préparation, déposez les carrés de chocolat et recouvrez de l'autre moitié.
Enfournez pour 12 minutes.
Sortez les ramequins du four, laissez tiédir quelques minutes et dégustez !

4 Portions

261 Calories par portion

22,7 g Glucides

14,8 g Lipides

7,1 g Protéines

Pour 4 personnes
Préparation : 10 min
Cuisson : 12 min

120 g de chocolat noir

100 g de compote de pommes

50 g de farine T65 (ou autre)

4 carrés de chocolat noir

2 œufs

Huile de coco pour les moules

Farine pour les moules

Pour 4 personnes
Préparation : 10 min
Cuisson : 30 à 40 min

1,3 l de lait de riz

120 g de riz à dessert ou à risotto

40 g de stevia

2 gousses de vanille

FAT-RIZ AU LAIT

Fendez les gousses de vanille en deux dans la longueur et récupérez les graines avec la pointe d'un couteau. Placez les graines dans une casserole et ajoutez le lait. Portez à frémissement et versez le riz. Mélangez, baissez le feu et faites cuire à feu doux 30 à 40 minutes. Les grains doivent être tendres et il doit rester du lait dans la casserole. Le riz va continuer de gonfler hors du feu. Stoppez la cuisson, ajoutez la stevia et mélangez. Versez le riz dans un saladier. Filmez au contact. Laissez refroidir et placez au réfrigérateur.

4 Portions

295 Calories par portion

63,5 g Glucides

4,1 g Lipides

2,3 g Protéines

FAT-BISCUIMISU

aux fraises

Cassez les biscuits en petits morceaux et réservez-les dans un bol.
Rincez les fraises, coupez les queues et détaillez-les en petits morceaux.
Réservez-les dans un saladier.
Mélangez dans un bol le yaourt et le miel.
Pour le dressage, versez dans un petit plat ou dans des contenants individuels une couche de fraises, puis de yaourt et de biscuits.
Répétez l'opération jusqu'à ce que vous arriviez au bord du contenant.
Terminez par une couche de fraises.
Placez au réfrigérateur avant de déguster.

4 Portions

260 Calories par portion

36,6 g Glucides

5,9 g Lipides

17,9 g Protéines

Pour 4 personnes
Préparation : 15 min

480 à 560 g de yaourt ou fromage blanc

20 g de miel

40 à 60 fraises

12 biscuits sans sucre (type digestive)

Pour 1 petit moule rectangulaire
Préparation : 15 min
Cuisson : 20 à 35 min

200 g de patate douce

100 g de chocolat noir

40 g de poudre d'amandes

10 g de cacao amer en poudre

10 g de farine d'avoine

2 œufs

Farine pour le moule

Beurre pour le moule

FONDANTS

au chocolat et patate douce

Préchauffez le four à 200 °C (th. 6).
Épluchez et coupez la patate douce en petits cubes ; faites-les cuire quelques minutes à l'eau ou à la vapeur.
Faites fondre le chocolat au bain-marie.
Égouttez la patate douce, placez-la dans le bol d'un robot et mixez.
Ajoutez le reste des ingrédients (sauf le chocolat fondu) et mixez énergiquement.
Versez dans un saladier, ajoutez le chocolat fondu et mélangez.
Graissez et farinez un moule, ou chemisez-le avec du papier cuisson (sauf si le moule est en silicone). Versez la préparation, en lissant si besoin le dessus avec une spatule pour bien la répartir.
Faites cuire 20 à 35 minutes. Le temps de cuisson dépendra de la taille du moule et donc de l'épaisseur du gâteau.
Sortez du four et laissez refroidir avant de déguster.

6 Portions | 203 Calories par portion | 14,5 g Glucides | 12,7 g Lipides | 6,3 g Protéines

TARTELETTES

aux flocons d'avoine

Préchauffez le four à 185 °C (th. 6-7).
Épluchez la banane et écrasez la chair dans un bol à l'aide d'une fourchette.
Ajoutez le miel et les flocons d'avoine. Mélangez bien.
Tapissez le fond de moules à tartelette en silicone avec la préparation.
Enfournez pour 15 minutes, puis baissez le four à 160 °C (th. 5-6)
pour les 5 dernières minutes.
Éteignez le four, laissez les tartelettes 10 minutes à l'intérieur.
Sortez les tartelettes du four et laissez-les refroidir complètement.
Lorsqu'elle sont froides, garnissez-les avec les ingrédients de votre choix :
yaourt-kiwi, yaourt-fruits secs, ricotta-poire, yaourt végétal-myrtilles
ou noisettes, yaourt-framboises-graines de chia,
purée d'amandes-banane...

6 Portions | 118 Calories par portion | 23,6 g Glucides | 1,5 g Lipides | 2,3 g Protéines

Pour 6 pièces
Préparation : 10 min
Cuisson : 20 min
Repos : 10 min

Pour la base

120 g de flocons d'avoine

60 g de miel

1 banane bien mûre

Pour 1 moule à savarin de 22 à 24 cm de diamètre
Préparation : 20 min
Cuisson : 45 à 50 min

280 g de farine T80

180 g de sucre de coco (ou sucrant de votre choix)

13 cl d'huile de coco liquide

125 g de yaourt (vanille, nature… au choix)

100 g de pépites de chocolat

6 cl de lait végétal

30 g de fécule de maïs

16 g de levure

4 œufs

1 citron jaune bio

1 pincée de sel

Beurre pour le moule

Sucre pour le moule

FAT-CIAMBELLA

pépites de chocolat

Préchauffez le four à 180 °C (th. 6).
Dans un bol, mélangez la farine, la fécule et la levure. Tamisez.
Rincez et zestez le citron.
Dans un saladier, fouettez les œufs avec le sucre jusqu'à ce que le mélange devienne mousseux et blanc. Ajoutez l'huile de coco en un mince filet tout en continuant de battre. Faites de même avec le yaourt.
Versez le mélange tamisé en plusieurs fois, en alternant avec le lait.
Mélangez bien entre chaque ajout.
Ajoutez le sel, les pépites de chocolat et le zeste de citron.
Beurrez et sucrez (ou farinez) un moule à savarin de 22 à 24 cm de diamètre.
Versez la préparation et enfournez pour 45 à 50 minutes, suivant le four.
Vérifiez la cuisson en piquant la pointe d'un couteau dans la préparation. Elle doit ressortir sèche.
Sortez le moule du four, démoulez le gâteau et laissez-le refroidir.

12 Portions | 288 Calories par portion | 32 g Glucides | 15 g Lipides | 6,2 g Protéines

GÂTEAU AU LAIT
et aux agrumes

Préchauffez le four à 180 °C (th. 6).
Rincez l'orange et le citron. Séchez et zestez-les dans un bol.
Mélangez dans un bol la farine et la levure. Tamisez et réservez.
Dans un saladier, battez les œufs avec le sucre jusqu'à ce que le mélange devienne mousseux et blanc. Ajoutez les zestes et mélangez.
Tout en continuant à battre doucement, versez le lait, puis l'huile en filet.
Versez ensuite en plusieurs fois le mélange tamisé, en continuant à battre entre chaque ajout. Salez.
Beurrez et blanchissez un moule à cake (avec de la farine ou du sucre).
Versez l'appareil et enfournez pour 45 à 50 minutes, suivant le four.
Vérifiez la cuisson en piquant la pointe d'un couteau dans le gâteau. Elle doit ressortir sèche.
Ouvrez la porte du four et laissez-le ouvert pendant 5 minutes avant de sortir le moule, de démouler le gâteau et de le laisser refroidir.

12 Portions | **202** Calories par portion | **30 g** Glucides | **7,7 g** Lipides | **4,2 g** Protéines

Pour 1 cake
Préparation : 8 à 10 min
Cuisson : 45 à 50 min

300 g de farine T80

20 cl de lait végétal

180 g de sucre de coco

7 cl d'huile de coco

16 g de levure

3 œufs

1 orange bio

1 citron jaune bio

1 pincée de sel

Beurre pour le moule

Sucre ou farine pour le moule

BISCUITS

Pour 15 biscuits
Préparation : 15 min
Cuisson : 10 min

Pour les cookies

40 g de sucre de coco

35 g de cacao amer en poudre

3 cl d'huile (coco, neutre, graine... au choix)

3 cl de boisson végétale (amande, soja...)

20 g de farine d'avoine

20 g d'épeautre

20 g de farine complète

1 cuil. à café de levure chimique

1 pincée de fleur de sel

1/2 cuil. à café de grains de vanille

Pour la crème à la vanille

150 g de fromage blanc (skyr, grec)

30 g de miel liquide

1 cuil. à café d'arôme vanille

FAT-ORÉO®

Préchauffez le four à 180 °C (th. 6).
Dans un saladier, mélangez les farines, l'épeautre, la levure et le sucre, puis ajoutez la boisson végétale, l'huile, la fleur de sel et la vanille. Versez en pluie le cacao, mélangez.
Formez une boule homogène et étalez-la entre 2 feuilles de papier cuisson.
Détaillez des cercles à l'aide d'un emporte-pièce, d'un verre ou d'une tasse à café.
Déposez les biscuits sur une plaque recouverte de papier cuisson et enfournez les Oréo® pour 10 minutes. Pendant ce temps, dans un bol, mélangez le fromage blanc avec le miel et l'arôme de vanille.
Sortez les biscuits du four, transvasez-les sur une grille et laissez-les refroidir.
Puis déposez 1 cuillerée à café de crème sur le dessus d'un biscuit, couvrez avec un deuxième biscuit en appuyant et en tournant légèrement pour répartir la crème.

15 Portions | **50** Calories par portion | **7,6 g** Glucides | **0,9 g** Lipides | **2,1 g** Protéines

Pour 12 biscuits
Préparation : 20 min
Cuisson : 18 à 20 min

120 g de farine T80

12 cl d'huile d'arachide

60 g de pâte à tartiner à la noisette

20 g de cacao amer en poudre

FAT-BAIOCCHI

Préchauffez le four à 180 °C (th. 6).
Dans un saladier, mélangez la farine et l'huile. Ajoutez petit à petit de l'eau en mélangeant au fur et à mesure. Vous devez obtenir une pâte homogène, mais qui ne colle pas.
Étalez la pâte entre 2 feuilles de papier cuisson. Détaillez des cercles à l'aide d'un emporte-pièce, d'un verre ou d'une tasse à café.
Vous devez obtenir un nombre pair de biscuits.
Réalisez 5 trous avec un cure-dents, sur la moitié des biscuits.
Déposez-les sur une plaque de cuisson et enfournez pour 18 à 20 minutes. Surveillez la coloration !
Pendant ce temps, mélangez dans un bol la pâte à tartiner et le cacao.
Faites chauffer de l'eau et ajoutez-en petit à petit dans le bol.
Veillez à ce que la crème garde une consistance dense et qu'elle soit homogène.
Sortez les biscuits du four et laissez-les refroidir sur une grille.
Puis répartissez la crème sur le dessus des biscuits entiers.
Déposez par-dessus les biscuits troués tout en tournant délicatement pour répartir la crème.

12 Portions | 64 Calories par portion | 7,8 g Glucides | 3 g Lipides | 1,4 g Protéines

Pour 16 biscuits
Préparation : 20 min
Cuisson : 15 min

Pour les sablés

150 g de farine de blé

120 g de poudre d'amandes

10 cl de crème liquide (nature, soja…)

5 cl d'huile neutre

30 g de sucre (coco, complet, datte…)

1/2 cuil. à café de grains de vanille

Pour la garniture

140 g de purée d'oléagineux

2,5 cl de crème liquide (nature, soja…)

1,5 cl de sirop d'érable (ou de coco, d'agave)

15 g de cacao amer en poudre

FAT-SABLÉS

fourrés au chocolat

Préchauffez le four à 180 °C (th. 6).
Préparez les sablés. Dans le bol d'un robot, mélangez les ingrédients secs.
Ajoutez l'huile et la crème. Mélangez bien et formez une boule de pâte homogène.
Étalez la pâte entre 2 feuilles de papier cuisson ou sur un plan de travail fariné.
Détaillez la pâte en petits carrés à l'aide d'un emporte-pièce.
Déposez les sablés sur une plaque recouverte de papier cuisson et faites cuire 15 minutes.
Pendant ce temps, dans un bol, mélangez la purée et le cacao.
Versez petit à petit la crème et le sirop d'érable tout en continuant à mélanger.
Vérifiez la coloration puis sortez les sablés du four.
Laissez refroidir sur une grille. Puis répartissez la garniture sur la moitié des biscuits. Déposez un second biscuit par-dessus en appuyant délicatement.

16 Portions | 202 Calories par portion | 13,8 g Glucides | 13,9 g Lipides | 4,6 g Protéines

FAT-COOKIES

aux pépites de chocolat

Préchauffez le four à 160 °C (th. 5-6).
Réservez quelques amandes et pépites de chocolat.
Dans un saladier ou le bol d'un robot, mélangez l'ensemble des ingrédients jusqu'à obtenir une pâte homogène et compacte.
Formez 12 boules. Répartissez-les sur une plaque recouverte de papier cuisson, en les espaçant bien.
Aplatissez les cookies et répartissez le reste d'amandes et pépites de chocolat. Enfournez pour 15 minutes.
Sortez les cookies du four et laissez-les refroidir sur une grille.

Pour 12 pièces
Préparation : 10 min
Cuisson : 15 min

120 g de farine de blé

100 g de poudre d'amandes (ou de noisettes)

8 cl de lait végétal

50 g de pépites de chocolat

50 g d'amandes concassées

40 g de sucre complet

1 cuil. à café de grains de vanille

1/2 cuil. à café de levure chimique

12 Portions

156 Calories par portion

14,6 g Glucides

8,5 g Lipides

4,4 g Protéines

Pour 12 pièces
Préparation : 10 min
Repos : 2 h
Cuisson : 10 à 15 min

120 g de farine T80

100 g de chocolat noir

9 à 10 cl
de boisson végétale
(amande, soja...)

60 g d'huile de coco

50 g de sucre de coco

40 g de farine d'amande

1/2 sachet de levure

FAT-GRANOLA

Dans un saladier, mélangez les farines, le sucre et la levure.
Ajoutez l'huile et la boisson végétale. Pétrissez jusqu'à obtenir une pâte homogène.
Formez une boule que vous aplatirez sur une épaisseur de 2 cm environ.
Filmez et placez au réfrigérateur pendant 2 heures au minimum.
Préchauffez le four à 180 °C (th. 6).
Sortez la pâte du réfrigérateur et laissez-la à température ambiante
10 à 15 minutes. Farinez le plan de travail puis abaissez la pâte sur une épaisseur
de 0,5 cm. Découpez des ronds à l'aide d'un emporte-pièce, d'un verre
ou d'une tasse à café. Déposez-les sur une plaque recouverte de papier cuisson.
Enfournez les biscuits pour 10 à 15 minutes en fonction du four. Vérifiez la cuisson,
ils doivent être légèrement colorés. Sortez-les du four et laissez refroidir.
Préparez le nappage au chocolat. Faites fondre le chocolat noir au bain-marie
ou au micro-ondes. Nappez le côté lisse des biscuits avec un pinceau
ou une cuillère en lissant bien la surface. Quand le chocolat a refroidi,
placez les biscuits au réfrigérateur et laissez le chocolat prendre.
Conservez les granolas à température ambiante dans une boîte en métal.

12 Portions

156 Calories par portion

12,6 g Glucides

10,4 g Lipides

2,3 g Protéines

FAT-GOCCIOLOTTI

(sans gluten)

Tamisez les farines dans un saladier, ajoutez la fleur de sel, la levure et mélangez. Ajoutez le beurre, le miel et l'extrait de vanille. Malaxez du bout des doigts jusqu'à obtenir un mélange sableux. Cassez l'œuf, ajoutez la moitiédes pépites de chocolat et continuez de mélanger jusqu'à obtenir une consistance homogène. Si la pâte est collante, ajoutez un peu de farine de riz. Formez une boule, filmez-la et placez-la au réfrigérateur au moins 1 heure.
Préchauffez le four à 180 °C (th. 6).
Sortez la pâte du réfrigérateur et divisez-la en 20 boules. Déposez-les sur une plaque recouverte de papier cuisson, en les espaçant. Aplatissez-les légèrement. Répartissez le reste de pépites de chocolat et enfournez pour 10 minutes. Vérifiez la cuisson, le dessus doit être dense, mais l'intérieur encore un peu moelleux. Sortez les biscuits et laissez-les refroidir sur une grille. Stockez-les dans une boîte hermétique en métal. Ils seront délicieux le lendemain !

20 Portions | **76** Calories par portion | **7,1 g** Glucides | **3,4 g** Lipides | **3,8 g** Protéines

Pour 20 pièces
Préparation : 15 min
Repos : 1 h
Cuisson : 10 min

100 g de farine de riz (ou autre sans gluten)

100 g de farine de courge

80 g de pépites de chocolat

40 g de beurre mou

40 g de miel

1 œuf

2 cuil. à café de levure chimique

2 pincées de fleur de sel

2 cuil. à café d'extrait de vanille liquide

Pour 15 pièces
Repos : 1 h
Préparation : 15 min
Cuisson : 20 min

280 g de farine d'amande

100 g de chocolat noir sans sucre

100 g d'amandes entières

50 g de sucre de coco

2,5 cl d'huile neutre

1 œuf

Zeste de 1 orange

FAT-BISCUITS

aux amandes

Versez dans un saladier la farine, le sucre et mélangez. Battez l'œuf dans un bol, ajoutez l'huile et le zeste d'orange. Versez dans le saladier et mélangez de nouveau jusqu'à obtenir une pâte compacte et homogène. Si besoin ajoutez un peu de farine ou d'eau.
Concassez grossièrement le chocolat avec un couteau. Ajoutez-le avec les amandes à la pâte. Laissez reposer au réfrigérateur 1 heure au minimum.
Préchauffez le four à 180 °C (th. 6). Sortez la pâte, façonnez un boudin de largeur homogène et écrasez-le légèrement sur toute la longueur. Placez-le sur une plaque recouverte de papier cuisson et enfournez pour 15 minutes. Puis sortez le biscuit et laissez-le refroidir sur une plaque.
Préchauffez le four à 170 °C (th. 5-6).
Coupez le biscuit en tranches de 1 à 2 cm ; reposez-les sur la plaque avec le papier cuisson. Faites cuire 5 minutes, puis laissez refroidir.
Conservez les biscuits aux amandes dans une boîte hermétique en métal de préférence.

15 Portions | 219 Calories par portion | 9,9 g Glucides | 17,8 g Lipides | 6,4 g Protéines

FAT-BISCUITS

banamandes

Préchauffez le four à 180 °C (th. 6).
Épluchez les bananes, et à l'aide d'une fourchette, écrasez-les dans un saladier.
Ajoutez les farines. Mélangez bien, puis façonnez des boules. (Si besoin ajoutez un peu de farine.)
Déposez les boules sur une plaque recouverte de papier cuisson.
Aplatissez-les pour donner une belle forme ronde.
Enfournez pour 10 minutes.
Faites fondre le chocolat avec un peu de lait végétal juste avant de glacer les biscuits.
Une fois les biscuits refroidis, à l'aide d'une cuillère, recouvrez la moitié du biscuit avec le chocolat, puis laissez refroidir.

20 Portions

43 Calories par portion

3,8 g Glucides

2,4 g Lipides

1,1 g Protéines

Pour 18 à 20 pièces
Préparation : 10 min
Cuisson : 10 min

240 g de bananes juste mûres

60 g de farine d'amande

30 g de farine de coco

50 g de chocolat noir

Lait végétal

Pour 15 à 20 pièces
Préparation : 10 min
Repos : 20 à 30 min
Cuisson : 15 à 20 min

180 g de farine complète

60 g de sucre de coco

60 g d'huile de coco

2 g de levure chimique

1 œuf

BISCUITS SECS

à la farine complète et coco

Préchauffez le four à 180 °C (th. 6).
Versez tous les ingrédients dans un saladier et formez une boule homogène.
Si la pâte est un peu humide ou collante, placez-la 20 à 30 minutes au réfrigérateur.
Fleurez le plan de travail avec un peu de farine et étalez la pâte.
Abaissez-la sur une épaisseur de 1 cm environ.
Coupez les biscuits de la forme que vous souhaitez
et déposez-les sur une plaque recouverte de papier cuisson.
Enfournez pour 15 à 20 minutes en surveillant la coloration !
Sortez-les du four et faites-les refroidir sur une plaque de cuisson.
Conservez-les plusieurs jours dans une boîte en métal.

20 Portions | 73 Calories par portion | 8,5 g Glucides | 3,4 g Lipides | 1,5 g Protéines

BISCUITS

avocat-double chocolat

Pour 10 pièces
Préparation : 15 min
Cuisson : 8 à 10 min

100 g de chair d'avocat mûr

1 œuf

30 g de cacao amer en poudre

20 g de chocolat noir à 85 % de cacao minimum

Édulcorant ou sucre

Préchauffez le four à 180 °C (th. 6).
Placez l'avocat, l'œuf et le cacao dans le bol d'un mixeur.
Ajoutez de l'édulcorant ou du sucre selon vos goûts.
Mixez pour obtenir une pâte uniforme et versez le mélange dans un saladier.
Concassez grossièrement le chocolat, ajoutez-le dans le saladier et mélangez.
À l'aide de deux cuillères, déposez des petits tas de préparation sur une plaque recouverte de papier cuisson. Veillez à les espacer.
Baissez le four à 150 °C (th. 5) et faites cuire les biscuits 8 à 10 minutes.
Sortez les biscuits, laissez-les refroidir sur une grille.
Les biscuits se conservent très bien dans une boîte hermétique au réfrigérateur.

10 Portions

54 Calories par portion

1 g Glucides

5,1 g Lipides

1,3 g Protéines

Pour 20 pièces
Préparation : 20 min
Cuisson : 15 à 20 min

160 g de flocons d'avoine

60 g de noisettes et/ou de fruits secs

30 g de pépites de chocolat noir

4 bananes mûres (mais pas trop)

2 pincées de cannelle ou de vanille en poudre

2 pincées de sel

BISCUITS À L'AVOINE,

banane et chocolat

Préchauffez le four à 180 °C (th. 6).
Épluchez les bananes et, à l'aide d'une fourchette, écrasez la chair dans un saladier.
Concassez les noisettes et/ou coupez en petits morceaux les fruits secs.
Ajoutez-les dans le saladier ainsi que le reste des ingrédients.
Recouvrez une plaque d'un tapis de cuisson en silicone ou de papier cuisson.
En vous aidant de deux cuillères, répartissez des petits tas de préparation en les espaçant.
Enfournez pour 15 à 20 minutes suivant le four.
Sortez les biscuits du four et laissez-les refroidir sur une grille.

20 Portions | 76 Calories par portion | 9,6 g Glucides | 2,9 g Lipides | 1,9 g Protéines

FAT-COOKIES

double chocolat

Préchauffez le four à 180 °C (th. 6).
Dans un saladier, mélangez les ingrédients secs, en réservant quelques pépites de chocolat pour la finalisation.
Dans un bol, brouillez le blanc d'œuf à la fourchette et ajoutez-le au mélange sec.
Terminez avec le yaourt et mélangez jusqu'à obtenir une consistance homogène.
Sur une plaque recouverte de papier cuisson ou d'un tapis de cuisson en silicone, déposez des boules de pâte en les espaçant.
Décorez avec les pépites restantes.
Faites cuire les cookies 20 minutes environ.
Sortez-les et faites-les refroidir sur une grille.

15 Portions

43 Calories par portion

4,2 g Glucides

1,8 g Lipides

2,2 g Protéines

Pour 15 pièces
Préparation : 10 min
Cuisson : 20 min

120 g de blanc d'œuf

60 g de pépites de chocolat

40 g de farine de riz

40 g de farine de sarrasin

40 g de yaourt grec

20 g de cacao amer en poudre

MUFFINS, BOUCHÉES ET FINANCIERS

Pour 6 pièces
Préparation : 10 min
Cuisson : 25 à 30 min

80 g de farine T80

60 g de compote de pommes

60 g de fromage blanc à 0 %

60 g de beurre de cacahuète

60 g de sucre de canne

40 g de poudre d'amandes

5 g de levure chimique

2 œufs

FINANCIERS

au beurre de cacahuète

Préchauffez le four à 180 °C (th. 6).
Mélangez dans un saladier la compote, les œufs, le fromage blanc et le beurre de cacahuète jusqu'à obtenir une consistance lisse et homogène.
Tamisez les éléments secs (farine, poudre d'amandes, sucre et levure).
Versez dans le saladier et mélangez bien.
Répartissez la préparation dans des moules à financier.
(Graissez et farinez-les au préalable s'ils sont en métal.)
Enfournez pour 25 à 30 minutes. Le dessus des financiers doit avoir une belle couleur dorée.
Sortez-les du four et laissez-les refroidir avant de les démouler.

6 Portions

212 Calories par portion

19,9 g Glucides

9,6 g Lipides

8,4 g Protéines

FINANCIERS MARBRÉS
au chocolat

Pour 6 pièces
Préparation : 15 min
Cuisson : 30 min

100 g de chair de banane mûre

80 g de farine T80

80 g de fromage blanc à 0 %

6 cl de boisson végétale (ou lait)

60 g de poudre d'amandes

40 g de miel liquide

10 g de cacao amer en poudre

5 g de levure chimique

2 œufs

1 cuil. à café de vanille en poudre

Préchauffez le four à 180 °C (th. 6).
Dans un saladier, écrasez la chair de banane à l'aide d'une fourchette.
Ajoutez le fromage blanc, la boisson végétale, le miel et les œufs. Mélangez.
Tamisez dessus la farine, la levure et la poudre d'amandes.
Mélangez de nouveau, jusqu'à ce que la préparation soit homogène.
Divisez la pâte en trois, dans 3 bols. Laissez un bol nature ; dans le deuxième, ajoutez la vanille et dans le troisième le cacao. Mélangez bien.
Versez dans des moules à financier en alternant les couches.
Vous pouvez marbrer la pâte avec une fourchette pour donner un aspect plus mélangé et zébré.
Enfournez pour 30 minutes environ.
Les financiers doivent avoir une belle couleur dorée.
Sortez-les du four et laissez-les refroidir avant de les démouler.

6 Portions

183 Calories par portion

17,9 g Glucides

8,6 g Lipides

8,1 g Protéines

Pour 8 pièces
Préparation : 15 min
Cuisson : 20 min

120 g de chair de patate douce

120 g de beurre de cacahuète

100 g de mix (au choix : pépites de chocolat, fruits secs, noix, noix de coco...)

1 œuf

50 g de blanc d'œuf

50 g de sucre de coco

1 cuil. à café de bicarbonate

1 cuil. à café de cannelle

1 pincée de sel

MUFFINS

beurre de cacahuète et patate douce

Préchauffez le four à 180 °C (th. 6).
Coupez la chair de patate douce en petits cubes ; faites-les cuire quelques minutes à l'eau ou à la vapeur.
Pendant ce temps, versez le reste des ingrédients (sauf le mix) dans un bol et commencez à fouetter au batteur. Vous devez obtenir une consistance lisse et homogène.
Égouttez la patate douce et écrasez-la à l'aide d'une fourchette jusqu'à obtenir une purée lisse. Versez dans le saladier et fouettez de nouveau.
Ajoutez le mix de votre choix et mélangez à l'aide d'une cuillère.
Remplissez des moules à muffin et enfournez pour 20 minutes environ.
Vérifiez la cuisson en plantant la pointe d'un couteau dans les muffins. Elle doit ressortir sèche.
Sortez les muffins du four et laissez-les refroidir avant de les démouler.

8 Portions | 209 Calories par portion | 17,2 g Glucides | 10,1 g Lipides | 6,5 g Protéines

MUFFINS

banavoine

Préchauffez le four à 200 °C (th. 6-7).
Épluchez et écrasez la chair de banane à l'aide d'une fourchette dans un saladier. Versez dans le bol d'un mixeur.
Ajoutez le reste des ingrédients (sauf le mix).
Mélangez énergiquement jusqu'à obtenir une préparation homogène.
Ajoutez 1 belle poignée du mix de votre choix et mélangez à nouveau.
Remplissez des moules à muffin avec la préparation.
Répartissez le reste du mix par-dessus et enfournez pour 15 à 20 minutes.
Sortez les muffins du four et laissez-les refroidir avant de les démouler et de les déguster.

6 Portions

122 Calories par portion

16,4 g Glucides

3 g Lipides

5,9 g Protéines

Pour 6 pièces
Préparation : 10 min
Cuisson : 15 à 20 min

140 g de skyr (ou yaourt grec)

100 g de farine d'avoine

1 banane moyenne

1 œuf

1 cuil. à café de levure chimique

1 pincée de sel

1/2 cuil. à café de vanille en poudre

Mix au choix : myrtilles, pépites de chocolat…

Pour 6 à 8 pièces
Préparation : 10 min
Cuisson : 25 min

150 g de flocons d'avoine

10 cl de lait végétal

60 g de framboises entières fraîches

60 g de chocolat noir

50 g de purée d'amandes

50 g de sirop d'agave

1 œuf

1/2 sachet de levure chimique

MUFFINS

frambocolat

Préchauffez le four à 220 °C (th. 7-8).
Dans un saladier, mélangez les flocons, la purée et l'œuf. Mélangez bien.
Ajoutez le lait, le sirop d'agave, la levure et mélangez.
Concassez grossièrement le chocolat noir. Rincez et séchez les framboises.
Versez dans la préparation et mélangez délicatement.
Répartissez la préparation dans des moules à muffin et enfournez pendant 5 minutes.
Baissez le four à 180 °C (th. 6) et poursuivez la cuisson pendant 20 minutes.
Vérifiez la cuisson en piquant la pointe d'un couteau dans les muffins. Elle doit ressortir sèche.
Sortez les muffins et laissez-les refroidir avant de les démouler.

8 Portions | 185 Calories par portion | 20 g Glucides | 8,5 g Lipides | 5,3 g Protéines

MUFFINS

cœur gourmand

Préchauffez le four à 180 °C (th. 6).
Dans un saladier, mélangez le sucre avec la farine et la levure tamisée.
Dans un autre saladier, mélangez le skyr, la compote, la vanille et les œufs.
Versez dans le mélange sec et remuez rapidement,
jusqu'à obtenir une consistance lisse et homogène.
Remplissez le fond des moules à muffin et ajoutez 1 belle cuillerée
à café de pâte à tartiner (ou autre garniture de votre choix).
Recouvrez de pâte et enfournez pour 20 à 25 minutes.
Vérifiez la cuisson en piquant un cure-dents ou la pointe d'un couteau
dans un muffin, en évitant le centre coulant ! La pointe doit ressortir sèche.
Sortez les muffins du four, laissez-les tiédir et démoulez-les sur une grille
pour un complet refroidissement.

Pour 9 pièces
Préparation : 10 min
Cuisson : 20 à 25 min

180 g de compote de pommes (ou 2 bananes écrasées)

140 g de farine T80 (ou mix au choix)

140 g de skyr

45 g de sucre de canne

2 œufs

1 cuil. à café d'extrait de vanille liquide

1/2 sachet de levure chimique

Cœur gourmand

Pâte à tartiner, confiture, beurre de cacahuète…

9 Portions

120 Calories par portion

19,8 g Glucides

2,4 g Lipides

4,7 g Protéines

Pour 8 pièces
Préparation : 10 min
Cuisson : 15 à 20 min

160 g de haricots rouges précuits

40 g de farine T80

20 g de cacao amer en poudre

20 g de sucre de coco

2 œufs

1 banane bien mûre

FAT-MINI BROWNIES

Préchauffez le four à 180 °C (th. 6).
Égouttez les haricots rouges et rincez-les. Versez-les dans le bol d'un mixeur.
Épluchez et écrasez la chair de la banane à l'aide d'une fourchette et ajoutez-la dans le bol du mixeur.
Versez le reste des ingrédients et mixez jusqu'à obtenir une consistance lisse et homogène.
Répartissez la préparation dans des moules individuels et enfournez pour 15 à 20 minutes.
Vérifiez la cuisson en piquant la pointe d'un couteau dans le brownie. Elle doit ressortir sèche.
Sortez les brownies du four et laissez-les refroidir avant de les déguster.

8 Portions

80 Calories par portion

10,9 g Glucides

2 g Lipides

3,9 g Protéines

FAT-MAGIC BALL

Préchauffez le four à 200 °C (th. 6).
Dans un saladier, écrasez à l'aide d'une fourchette la chair de banane pour obtenir une purée. Ajoutez l'huile de coco (veillez à ce qu'elle ne soit pas chaude) et mélangez. Ajoutez le reste des ingrédients (sauf les carrés de chocolat) et formez 8 petites boules dans la paume de vos mains.
Coupez les carrés de chocolat en deux et insérez 1 morceau dans chaque boule.
Déposez les boules sur une plaque recouverte de papier cuisson et enfournez pour 10 à 12 minutes.

8 Portions

68 Calories par portion

9,8 g Glucides

2,7 g Lipides

1,3 g Protéines

Pour 8 pièces
Préparation : 10 min
Cuisson : 10 à 12 min

90 g de farine T80

1,5 cl d'huile de coco fondue

10 g de cacao amer en poudre

1 banane mûre

1 cuil. à café de vinaigre de cidre

1 cuil. à café de levure chimique

1 pincée de fleur de sel

1/4 de cuil. à café de vanille en poudre

1/4 de cuil. à café de cannelle en poudre

4 carrés de chocolat noir

Pour 25 à 30 pièces
Préparation : 15 min
Repos : 2 à 3 h

150 g de yaourt type skyr

100 g de noix de coco râpée

50 à 70 g de chocolat noir

10 à 20 g de miel

FAT-BOUCHÉES

façon Bounty®

Dans un saladier, mélangez le yaourt, le miel et la noix de coco.
Filmez et laissez reposer quelques heures au réfrigérateur.
Faites fondre le chocolat au bain-marie.
Préparez une plaque avec du papier cuisson.
Formez des petites boules avec le mélange coco dans la paume de vos mains.
Plongez-les rapidement dans le chocolat fondu en les recouvrant entièrement.
Déposez-les sur la plaque et placez au réfrigérateur 2 à 3 heures.

Conseil

Évitez le chocolat pâtissier ; préférez le chocolat noir de dégustation.

30 Portions | 41 Calories par portion | 1,9 g Glucides | 3,1 g Lipides | 1 g Protéines

FAT-BEIGNETS EXPRESS

Dans un saladier, mélangez le yaourt, le sucre et l'œuf.
Versez la farine, la levure et le sel. Mélangez bien.
Mettez la préparation dans une poche à douille (vous pouvez aussi réaliser les beignets à l'aide de deux cuillères).
Déposez des feuilles de papier absorbant sur une assiette et versez du sucre dans une assiette creuse.
Chauffez l'huile dans une grande poêle ou une friteuse.
Réalisez des petites boules de pâte et faites-les frire quelques minutes dans l'huile. Les beignets doivent avoir une jolie couleur dorée.
Déposez-les sur le papier absorbant quelques instants et roulez-les ensuite dans le sucre en poudre. Il n'y a plus qu'à les déguster !

Pour 20 à 30 pièces
Préparation : 10 min
Cuisson : 2 min par série de beignets

125 g de farine de blé

125 g de yaourt (nature, vanille…)

40 g de sucre en poudre + un peu pour les beignets cuits

2 cuil. à soupe d'huile

1 œuf

1 pincée de sel

1/2 sachet de levure chimique

Huile pour friture

30 Portions

24 Calories par portion (hors huile de friture)

3,8 g Glucides

0,7 g Lipides

0,8 g Protéines

APÉRO

Pour 12 pièces
Préparation : 10 min

1 petite tranche de pastèque

12 mini-billes de mozzarella

12 olives noires dénoyautées

6 tranches de bresaola

BROCHETTES APÉRO
à la pastèque

Coupez la pastèque en 12 cubes et enfilez 1 morceau sur chaque pique à brochette.
Ajoutez ensuite 1 bille de mozzarella.
Coupez les tranches de bresaola en deux et roulez-les sur elles-mêmes avant de les ajouter sur les piques.
Terminez avec 1 olive noire.
Réservez au frais jusqu'au moment de servir.

Conseil
Faites mariner les billes de mozzarella dans un peu d'huile d'olive avec du poivre et du basilic.

12 Portions

23 Calories par portion

1,3 g Glucides

8,5 g Lipides

9,7 g Protéines

RILLETTES

de thon

Égouttez le thon. Épluchez l'échalote, coupez-la en deux, retirez le germe et hachez-la.
Rincez les herbes et hachez-les. Versez-les dans un bol avec le fromage blanc.
Salez, poivrez, ajoutez le curry, le jus de citron et l'échalote. Mélangez bien.
Émiettez le thon et versez-le dans le bol. Mélangez bien, goûtez et rectifiez l'assaisonnement si nécessaire.
Conservez au frais et servez avec des crackers aux graines, des légumes crus, ou servez-vous-en pour une base sur des tartines.

2 Portions

135 Calories par portion

4 g Glucides

1,3 g Lipides

27,1 g Protéines

Pour 2 personnes
Préparation : 10 min

150 g de thon en boîte au naturel

150 g de fromage blanc

10 tiges de ciboulette

10 feuilles de basilic

1 échalote

Le jus de 1/2 citron jaune

1/2 cuil. à café de curry en poudre

Sel, poivre

Pour 12 à 16 pièces
Préparation : 10 min
Repos : 2 h
Cuisson : 1 h 05

80 g de graines de tournesol

80 g de graines de courge

60 g de graines de sésame

60 g de graines de chia

40 g de graines de lin

1 cuil. à soupe de thym ou romarin ou d'herbes de Provence

1 cuil. à café de cumin en poudre

Huile

Sel, poivre

CRACKERS

aux graines

Dans une passoire fine, versez les graines et rincez-les bien.
Versez-les dans un bol, ajoutez les herbes, le cumin, salez et poivrez.
Versez 25 cl d'eau, mélangez bien, couvrez et laissez reposer pendant 2 heures au minimum. Vous devez obtenir un mélange dense et gélatineux, c'est normal !
Préchauffez le four à 180 °C (th. 6).
Huilez 2 feuilles de papier cuisson. Versez le mélange sur une des feuilles et recouvrez avec la deuxième. Étalez au rouleau sur une épaisseur homogène, retirez la feuille du dessus et déposez sur une plaque de cuisson.
Enfournez pour 35 minutes environ.
Sortez la plaque du four et découpez l'appareil en 12 ou 16 morceaux.
Enfournez à nouveau pour 30 minutes.
Lorsqu'ils sont bien dorés, sortez les crackers du four et laissez-les refroidir complètement.
Conservez-les dans une boîte en fer ou un bocal.

16 Portions | 92 Calories par portion | 2,5 g Glucides | 7,4 g Lipides | 4 g Protéines

FAT-MOZZA STICKS

au four

Pour 10 pièces
Préparation : 15 min
Cuisson : 6 à 8 min

175 à 200 g de mozzarella

30 g de farine d'avoine

30 g de son d'avoine

1 œuf

1 cuil. à café de mélange d'épices italien

Sel, poivre

Huile

Préchauffez le four à 200 °C (th. 6-7).
Coupez la mozzarella en bâtonnets ; égouttez-les.
Dans une assiette creuse, mélangez la farine avec du sel et du poivre. Dans une autre assiette creuse, cassez l'œuf et battez-le à la fourchette avec 5 cl d'eau.
Encore dans une autre assiette creuse, mélangez le son d'avoine avec les épices.
Préparez une plaque recouverte de papier cuisson.
Épongez les bâtonnets de mozzarella avec du papier absorbant et farinez-les. Tapotez dessus pour enlever l'excédent. Enrobez-les d'œuf battu, puis roulez-les dans le mélange son d'avoine/épices. Roulez-les à nouveau dans l'œuf, puis dans le mélange son d'avoine/épices.
Déposez au fur et à mesure les bâtonnets sur la plaque.
Vaporisez un peu d'huile et enfournez pour 6 à 8 minutes.
Sortez les sticks du four dès qu'ils ont une belle couleur dorée.
Dégustez aussitôt avec la sauce de votre choix.

10 Portions — **84** Calories par portion — **3,5 g** Glucides — **5,2 g** Lipides — **5,1 g** Protéines

Pour 2 personnes
Préparation : 10 min

150 g de tomates vertes

50 g de fromage blanc

10 feuilles de basilic

2 gousses d'ail

1 avocat

1 concombre noa

1 tranche de pain de mie rassis

1 filet d'huile d'olive

Le jus de 1/2 citron jaune

1/4 à 1/2 cuil. à café de cumin en poudre

Sel, poivre

GASPACHO VERT

Rincez les tomates et coupez-les en quatre.
Épluchez l'avocat et le concombre, coupez-lez grossièrement en dés.
Coupez la tranche de pain de mie en cubes.
Épluchez les gousses d'ail, coupez-les en deux, retirez le germe.
Mettez tous ces ingrédients ainsi que le fromage blanc, les feuilles de basilic, l'huile d'olive, le cumin, le jus de citron dans le bol d'un blender.
Salez, poivrez et mixez énergiquement. Vous devez obtenir une consistance lisse et homogène.
Goûtez et rectifiez l'assaisonnement si nécessaire.
Il se déguste bien frais dans les 24 heures.

2 Portions

274 Calories par portion

13,5 g Glucides

21,6 g Lipides

7,2 g Protéines

Pour 20 pièces
Préparation : 15 min
Cuisson : 10 min

GRESSINS

120 g de farine de blé

30 g de parmesan râpé

2 cl d'eau (à ajuster en fonction de la taille de l'œuf)

15 g de son d'avoine

1 œuf

1 cuil. à soupe d'origan déshydraté

1 cuil. à café de paprika doux

Huile d'olive

Sel, poivre

Préchauffez le four à 180 °C (th. 6).
Recouvrez une plaque de papier cuisson.
Mélangez la farine, le son d'avoine, le parmesan, les épices, un peu de sel et de poivre. Ajoutez l'œuf et mélangez.
Tout en remuant ajoutez l'eau petit à petit (la quantité sera à ajuster en fonction de la taille de votre œuf).
Divisez la pâte en 20 petites boules ; roulez-les sur le plan de travail avec le bout de vos doigts pour former des gressins bien allongés.
Farinez très légèrement le plan de travail si nécessaire. Ne mettez pas trop de farine, sinon les gressins vont glisser en les roulant !
Déposez-les sur la plaque et badigeonnez-les légèrement d'huile d'olive.
Enfournez pour 10 minutes environ. Surveillez la cuisson suivant l'épaisseur que vous leur avez donnée !
Sortez la plaque du four et laissez refroidir les gressins avant de les tremper dans du guacamole, par exemple !

20 Portions

36 Calories par portion

4,6 g Glucides

1,3 g Lipides

1,5 g Protéines

Pour 15 à 20 pièces
Préparation : 10 min
Repos : 20 min à 1 h
Cuisson : 15 à 20 min

200 g de farine de blé

100 g de beurre mou

100 g de mimolette vieille

50 g d'eau

1/2 cuil. à café de cumin en poudre

Sel, poivre

SABLÉS

à la mimolette et au cumin

Dans un saladier ou le bol d'un mixeur, versez la farine.
Râpez la mimolette directement dessus. Ajoutez le beurre coupé en petits morceaux, salez, poivrez et ajoutez le cumin.
Mélangez bien à vitesse lente et versez l'eau petit à petit.
Ajustez si besoin entre l'eau et la farine. Vous devez obtenir une consistance lisse et homogène, qui ne colle pas.
Formez 1 ou 2 boudins de 4 à 5 cm de diamètre. Filmez-le(s) en serrant bien.
Laissez reposer au réfrigérateur pendant 1 heure ou 20 minutes au congélateur.
Préchauffez le four à 180 °C (th. 6).
Sortez-le(s) boudins et coupez-le(s) en tranches de 1 cm environ.
Recouvrez une plaque de papier cuisson et déposez les biscuits dessus.
Enfournez pour 15 à 20 minutes. Les biscuits doivent être dorés.
Sortez les biscuits du four et laissez-les refroidir sur une grille.

20 Portions | **86** Calories par portion | **7,2 g** Glucides | **5,4 g** Lipides | **2,3 g** Protéines

GUACAMOLE

Retirez la peau des avocats, récupérez la chair et écrasez-la dans un bol à l'aide d'une fourchette. Ajoutez le jus de citron et mélangez bien. Ajoutez les épices, salez, poivrez et mélangez.
Épluchez et hachez l'oignon en petits dés. Ajoutez-les à la préparation.
Épluchez la tomate, coupez-la en quatre, retirez les pépins et détaillez la chair en petits dés. Versez dans le bol.
Mélangez délicatement et dégustez.

Conseils

Vous pouvez remplacer les épices à guacamole par un mélange de cumin/gingembre/paprika en poudre. Vous pouvez aussi ajouter du piment si vous le souhaitez.

Pour 1 bol
Préparation : 10 min

2 avocats

1 tomate

1/2 petit oignon rouge

Le jus de 1/2 citron jaune

1/2 à 1 cuil. à café d'épices à guacamole

Sel, poivre

1 Bol

784 Calories

7,2 g Glucides

75,4 g Lipides

10 g Protéines

Pour 15 pièces
Préparation : 15 min
Cuisson : 2 min

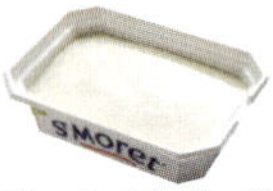

50 g de St Môret® light

2 à 3 tranches de jambon blanc aux herbes

1 1/2 cuil. à soupe de yaourt grec

1 courgette de taille moyenne

1 filet de jus de citron

1/2 cuil. à café de mélange d'épices italien

1/4 de cuil. à café d'ail semoule

Sel, poivre

ROULÉS FRAIS

de courgette au fromage et jambon

Portez une casserole d'eau salée à ébullition.
Rincez la courgette, coupez les extrémités et taillez des lamelles plutôt fines à l'aide d'un économe ou d'une mandoline.
Plongez les tagliatelles de courgette dans la casserole 2 minutes afin de les blanchir. Égouttez-les et passez-les sous l'eau froide. Laissez-les s'égoutter.
Dans un bol, mélangez le reste des ingrédients (sauf le jambon).
Placez une tagliatelle sur une planche à découper, étalez un peu de sauce au fromage et répartissez le jambon préalablement coupé en morceaux.
Roulez la tagliatelle sur elle-même et fermez-la avec un cure-dents.
Répétez l'opération jusqu'à épuisement des ingrédients.

Conseil
Vous pouvez ajouter des herbes fraîches, type ciboulette ou basilic, au fromage blanc.

15 Portions | 19 Calories par portion | 0,4 g Glucides | 0,6 g Lipides | 2,6 g Protéines

HOUMOUS

Mélangez la purée de sésame, le cumin, le jus du citron, le vinaigre et 2 cuillerées à soupe d'eau chaude dans un bol. Mélangez bien, vous devez obtenir un mélange lisse. S'il est très épais, ajoutez 1 à 2 cuillerées à soupe d'eau chaude supplémentaires.

Épluchez la gousse d'ail, coupez-la en deux, retirez le germe.

Égouttez les pois chiches, rincez-les et placez-les dans le bol d'un mixeur.

Ajoutez le contenu du bol, le sel, le poivre, l'huile d'olive et l'ail.

Mixez énergiquement.

Ajustez la consistance (le houmous doit être onctueux, mais pas trop liquide) en ajoutant de l'eau chaude et/ou un peu d'huile d'olive si nécessaire, en y allant petit à petit !

Dégustez-le dans des wraps, à l'apéro ou en accompagnement d'une salade complète.

Pour 1 bol
Préparation : 10 min

100 g de pois chiches précuits

50 g de purée de sésame (tahini)

2 cuil. à soupe d'huile d'olive

1 cuil. à café de cumin en poudre

1 cuil. à soupe de vinaigre

1 gousse d'ail

Le jus de 1/2 citron jaune

Sel, poivre

1 Bol	549 Calories	30,2 g Glucides	39,3 g Lipides	16,8 g Protéines

Pour 1 bol
Préparation : 10 min

1 bloc de feta

150 g de fromage blanc

Le jus de 1 citron vert

2 oignons nouveaux

10 feuilles de basilic

10 feuilles de menthe

1/2 cuil à café
de paprika fumé

1/2 cuil. à café
de cumin en poudre

1/2 cuil. à café
d'ail en poudre

Sel, poivre

DIP À LA FETA

Écrasez la feta dans un bol et versez le fromage blanc dessus. Mélangez bien. Épluchez les oignons nouveaux, émincez-les finement et ajoutez-les ainsi que le jus de citron et les épices. Salez légèrement et poivrez. Rincez les herbes, hachez-les et ajoutez-les dans le bol. Mélangez bien l'ensemble et réservez au frais avant de déguster à l'apéro ou comme base sur une tartine.

Conseil
Vous pouvez râper 1/2 concombre dans la préparation, pour faire un tzatziki revisité à la feta.

1 Bol | 641 Calories | 14,2 g Glucides | 43,5 g Lipides | 45,9 g Protéines

MÉLANGE CROQUANT

apéro

Pour 1 bol
Préparation : 5 min
Cuisson : 10 à 15 min

50 g de noix de cajou

50 g de pois chiches précuits

50 g d'amandes

50 g de noix de pécan

2 pincées de fleur de sel

1/2 à 1 cuil. à soupe d'huile de coco fondue

1/2 cuil. à café de paprika

1/2 cuil. à café d'ail semoule

1/2 cuil. à café d'origan

Préchauffez le four à 180 °C (th. 6).
Dans un bol, mélangez l'huile de coco avec les épices et le sel.
Versez le mix de noix, les pois chiches et les amandes dans un bol et couvrez du mélange à la coco. Enrobez-bien et étalez sur une plaque de cuisson. Enfournez pour 10 à 15 minutes.
Vérifiez la coloration et n'hésitez pas à mélanger à mi-cuisson.
Sortez la plaque du four, laissez refroidir et conservez dans un bocal hermétique en verre.

Conseil

Si vous aimez le sucré/salé vous pouvez ajouter un peu de miel liquide au mélange.

1 Bol | 1038 Calories | 31,7 g Glucides | 87,1 g Lipides | 30,4 g Protéines

SUR LE POUCE

Pour 4 personnes
Préparation : 10 min
Cuisson : 30 min

2 patates douces pas trop grosses bio

80 à 100 g de coulis de tomates

120 g de billes de mozzarella

50 à 80 g de mini-crevettes décortiquées

Curry en poudre

Graines de sésame

Sel, poivre

PIZZETTES

de patates douces aux crevettes

Préchauffez le four à 200 °C (th 6-7).
Recouvrez une plaque de papier cuisson.
Rincez les patates douces et coupez-les en rondelles de 2 cm environ.
Déposez les rondelles sur la plaque et enfournez pour 20 minutes.
Pendant ce temps, coupez les billes de mozzarella en rondelles.
Sortez la plaque du four, retournez les rondelles de patate douce et répartissez dessus le coulis de tomates. Salez, poivrez.
Ajoutez par-dessus quelques crevettes et rondelles de mozzarella.
Parsemez d'un peu de curry et de graines de sésame.
Répétez l'opération jusqu'à épuisement des ingrédients.
Remettez la plaque au four pour environ 10 minutes.
La mozzarella doit être bien fondue et légèrement grillée.
Terminez quelques minutes sous le gril si nécessaire.
Dégustez les pizzettes aussitôt sorties du four !

4 Portions

165 Calories par portion

13,6 g Glucides

7 g Lipides

11,4 g Protéines

Pour 1 plaque
Préparation : 10 min
Cuisson : 20 min

5 cuil. à soupe de farine d'avoine ou de kamut

4 blancs d'œufs

3 cuil. à soupe de yaourt à 0 % de MG

1 cuil. à soupe de son d'avoine

1/2 sachet de levure de boulanger

Fleur de sel

2 à 3 cuil. à soupe d'un mix : graines de tournesol ou de courge, thym, origan…

FAT-PANE LIGHT

Foccacia

Mélangez dans un saladier la farine, le son d'avoine et le yaourt. Versez les blancs d'œufs et mélangez énergiquement jusqu'à obtenir une consistance lisse et homogène. Ajoutez la levure, la fleur de sel et le mix sec. Recouvrez de papier cuisson une plaque ou un moule rectangulaire. Versez le mélange et répartissez-le bien avec une spatule ou le dos d'une cuillère. Enfournez pour 20 minutes. Le Pane doit avoir une belle couleur dorée. Sortez la plaque du four et laissez refroidir avant de le découper.

1 Plaque | 360 Calories | 33,1 g Glucides | 7,7 g Lipides | 27,7 g Protéines

Pour 1 pizza
Préparation : 25 min
Repos : 30 min
Cuisson : 10 à 15 min

Pour la pâte

100 g de farine d'avoine

3 cuil. à soupe de farine de maïs

1 cuil. à soupe de levure de boulanger

1 cuil. à café de sucre en poudre

1 cuil. à soupe d'huile d'olive

Sel

Pour la garniture

3 cuil. à soupe de coulis de tomates

3 tiges de basilic

2 tomates

1 boule de mozzarella

Sel, poivre

PIZZA À LA POÊLE

Préparez la pâte. Mélangez dans un saladier 18 cl d'eau à température ambiante, la levure et le sucre. Mélangez bien et laisser reposer 15 minutes. Ajoutez dans le saladier les farines, le sel et l'huile d'olive. Pétrissez plusieurs minutes jusqu'à obtenir une boule lisse et homogène. Laissez sur le plan de travail fariné, couvrez et laissez reposer 15 minutes. Préparez la garniture. Coupez la mozzarella en rondelles ou en cubes ; laissez-les s'égoutter. Rincez les tomates et coupez-les en rondelles. Rincez et séchez les feuilles de basilic. Étalez la pâte sur le plan de travail fariné. La taille doit faire le diamètre de la poêle. Huilez légèrement la poêle et déposez la pâte. Répartissez dessus le coulis de tomates, les rondelles de tomate et de mozzarella. Salez, poivrez. Couvrez la poêle et laissez cuire 10 à 15 minutes. Dès que la pizza est cuite, retirez le couvercle, décorez avec les feuilles de basilic et servez.

1 Pizza

782 Calories

93 g Glucides

21,4 g Lipides

35 g Protéines

FAT-GALETTES

d'avoine et épinards au curry

Pour 6 à 10 pièces
Préparation : 15 min
Cuisson : 3 min par galette

100 g de flocons d'avoine

3 poignées de pousses d'épinard

2 œufs

2 cuil. à soupe de graines de chia

1/2 cuil. à café de curry en poudre

Huile

Sel, poivre

Rincez les épinards et hachez-les grossièrement.
Faites-les tomber dans une casserole jusqu'à ce qu'ils soient cuits.
Égouttez et pressez bien pour enlever un maximum d'eau.
Dans un saladier, mélangez les flocons d'avoine, les œufs, les graines de chia et le curry. Salez, poivrez et mélangez bien.
Ajoutez les épinards et mélangez à nouveau.
Faites chauffer un peu d'huile dans une poêle.
En vous aidant de deux cuillères à soupe, réalisez des petits tas dans la poêle.
Écrasez légèrement le dessus pour leur donner une forme de petit palet rond.
Faites cuire à feu moyen/doux jusqu'à ce que le dessous soit doré.
Retournez les galettes et faites dorer les autres faces.
Répétez l'opération jusqu'à épuisement des ingrédients.
Dégustez avec une salade.

10 Portions | 67 Calories par portion | 7 g Glucides | 2,8 g Lipides | 2,9 g Protéines

Pour 25 à 30 pièces
Préparation : 30 min
Cuisson : 30 min

250 g de riz à risotto cuit

100 g de jambon cuit

100 g de mozzarella

100 g de chapelure

50 g de parmesan râpé

2 œufs

Huile d'olive

Sel, poivre

FAT-CROQUETTES

façon arancini

Coupez la mozzarella et le jambon en cubes.
Mélangez dans un saladier le riz, le parmesan et un peu de poivre.
Formez des boules entre la paume de vos mains. Enfoncez 1 cube de mozzarella et 1 cube de jambon au centre et refermez la croquette.
Répétez l'opération jusqu'à épuisement des ingrédients.
Dans une assiette creuse, battez les œufs avec du sel et du poivre.
Dans une seconde assiette, versez la chapelure.
Préparez une plaque recouverte de papier cuisson.
Préchauffez le four à 200 °C (th. 6-7).
Roulez les croquettes dans les œufs, puis dans la chapelure et déposez-les sur la plaque. Arrosez légèrement d'huile avant d'enfourner.
Faites cuire les croquettes pendant 30 minutes environ.
L'extérieur doit être bien doré.
Sortez la plaque du four, déposez les croquettes sur un plat et servez-les bien chaudes.

30 Portions | **39** Calories par portion | **3,5 g** Glucides | **1,7 g** Lipides | **2,5 g** Protéines

FAT-CROQUETTES

mozza-poulet

Préparez une assiette creuse avec de la farine d'avoine. Dans une deuxième, battez l'œuf à la fourchette. Enfin dans une troisième, versez la chapelure.
Coupez la mozzarella en petits cubes et réservez-les dans un bol.
Épluchez la gousse d'ail et l'échalote. Retirez le germe de l'ail, et placez l'ail et l'échalote dans le bol d'un mixeur.
Coupez le filet de poulet grossièrement en morceaux et ajoutez-le au bol du mixeur.
Salez, poivrez, ajoutez les épices et mixez finement.
Façonnez des boulettes dans le creux de vos mains.
Garnissez avec 1 dé de mozzarella et refermez la boulette. Roulez-la dans la farine, puis dans l'œuf et dans la chapelure. Réservez sur une assiette.
Répétez l'opération jusqu'à épuisement des ingrédients.
Faites chauffer de l'huile de coco dans une poêle. Déposez les croquettes et faites-les cuire pendant 15 minutes environ à feu moyen/doux, jusqu'à ce qu'elles aient une belle couleur dorée sur toutes les faces.
Dégustez aussitôt pour profiter du fromage bien coulant.

15 Portions | **44** Calories par portion | **2,7 g** Glucides | **1,3 g** Lipides | **5,4 g** Protéines

Pour 15 pièces
Préparation : 25 min
Cuisson : 15 min

250 g de filet de poulet

50 g de mozzarella

1 œuf

1 échalote

1 gousse d'ail

1 cuil. à café de mélange d'épices mexicain

Farine d'avoine

10 g de chapelure

Huile de coco

Sel, poivre

Pour 16 pièces
Préparation : 30 min
Cuisson : 30 min environ

175 g de champignons (au choix)

60 g de carottes

30 g de mimolette

5 noisettes

4 feuilles de brick

1 petite botte de persil

1 gousse d'ail

Huile d'olive

Sel, poivre

SAMOSAS

aux légumes, noisettes et mimolette

Coupez les pieds des champignons, rincez-les et hachez-les finement.
Épluchez les carottes et coupez-les en petits dés. Réservez le tout dans un bol.
Épluchez la gousse d'ail, coupez-la en deux, retirez le germe et hachez-la finement.
Dans une poêle, faites chauffer un peu d'huile d'olive.
Versez les champignons, l'ail et les carottes et laissez cuire 10 minutes environ à feu moyen. Salez, poivrez. Il ne doit plus y avoir de liquide.
Pendant la cuisson, concassez les noisettes. Rincez et hachez le persil.
Versez les noisettes et le persil dans la poêle et poursuivez la cuisson 2 minutes. Stoppez le feu et laissez refroidir.
Râpez la mimolette et versez-la dans la poêle.
Préchauffez le four à 180 °C (th. 6).
Découpez les feuilles de brick en 4 bandes. Garnissez le bout des bandes avec 1 cuillerée à soupe de légumes et refermez en pliant. Déposez les samosas au fur et à mesure sur la plaque recouverte de papier cuisson.
Enfournez pour 15 minutes en surveillant la coloration.
Sortez les samosas du four et dégustez-les bien chauds.

16 Portions | **25** Calories par portion | **0,5 g** Glucides | **1,2 g** Lipides | **1,1 g** Protéines

WRAPS COMPLETS

au poulet grillé

Pour 2 personnes
Préparation : 10 min
Cuisson : 3 min

60 g de feta

4 galettes de blé

4 cuil. à soupe de houmous (voir recette p. 159)

2 filets de poulet

2 poignées de carottes râpées

1 salade sucrine

Sel, poivre

Matière grasse de votre choix (facultatif)

Assaisonnez le poulet, faites-le cuire selon vos envies (poêle avec un peu de matière grasse/vapeur/plancha ou barbecue), puis coupez-le en lamelles.
Rincez et séchez les feuilles de la sucrine. Hachez-les grossièrement.
Émiettez la feta dans un bol.
Au centre de chaque galette, étalez du houmous et répartissez les légumes, la feta et les lamelles de poulet.
Refermez le bas de la galette sur les ingrédients, puis repliez les autres côtés au centre.
Procédez de même pour les autres wraps et dégustez.

2 Portions

443 Calories par portion

30,4 g Glucides

22,6 g Lipides

32,7 g Protéines

SAUCES

Pour 1 petit pot
Préparation : 10 min

40 g de parmesan râpé

30 g de pignons de pin

20 feuilles de basilic

10 cl d'huile d'olive

2 gousses d'ail

PESTO

Rincez et séchez les feuilles de basilic. Versez dans le bol d'un mixeur. Épluchez les gousses d'ail, coupez-les en deux, retirez le germe et ajoutez-les dans le bol du mixeur.
Versez le reste des ingrédients (la moitié de l'huile) et mixez fort jusqu'à obtenir une consistance lisse et homogène. Ajustez avec le reste d'huile d'olive.
Conservez plusieurs jours le pesto au réfrigérateur avec une fine couche d'huile d'olive sur le dessus pour éviter qu'il ne s'oxyde.

Portion 100 g | 420 Calories | 3,4 g Glucides | 43,3 g Lipides | 7,5 g Protéines

MAYOLIGHT

Dans un bol, placez les jaunes d'œufs. Salez, poivrez et ajoutez le yaourt.
Mélangez bien à l'aide d'un batteur.
Versez par intermittence l'huile d'olive en filet, tout en continuant de battre et faites monter la mayonnaise.
Lorsque l'huile est bien incorporée, versez le jus de citron et mélangez à nouveau.
Placez dans un contenant hermétique au frais.

Pour 1 petit pot
Préparation : 10 min

12 cl d'huile d'olive ou neutre

2 jaunes d'œufs

1 yaourt blanc faible en matière grasse

1 pincée de sel et de poivre

Quelques gouttes de jus de citron

Portion 100 g

374 Calories

6,6 g Glucides

38,7 g Lipides

3,6 g Protéines

Pour 1 petit pot
Préparation : 15 min
Marinade : 48 h
Cuisson : 15 min
Infusion : 15 min

12,5 cl de vinaigre de cidre

12,5 cl de vin blanc

15 g de graines de moutarde jaune

15 g de graines de moutarde noire

15 g de curcuma frais

10 g de sel

2 gousses d'ail

1 petit oignon jaune

MOUTARDE MAISON

Dans un contenant en verre propre, mélangez les graines de moutarde, le sel et 6 cl d'eau à température ambiante. Fermez le pot et laissez mariner pendant 48 heures à température ambiante.
Le jour J, épluchez l'oignon et les gousses d'ail, coupez-les en quatre, retirez les germes et placez l'ail et l'oignon dans une casserole avec le vin et le vinaigre. Laissez mijoter à frémissements pendant 15 minutes.
Stoppez le feu, couvrez et laissez infuser 15 minutes.
Épluchez le curcuma et coupez-le en rondelles.
Versez le mélange avec les graines de moutarde et les rondelles de curcuma dans le bol d'un mixeur.
Filtrez le contenu de la casserole et versez le liquide dans le bol du mixeur.
Mixez énergiquement jusqu'à obtenir une purée lisse et homogène.
Versez la préparation dans une casserole et portez à ébullition en remuant continuellement. Puis, stoppez le feu et versez dans un pot en verre stérilisé.
Fermez le pot, retournez-le. Lorsqu'il est froid, retournez-le à l'endroit et conservez-le 10 jours à température ambiante avant de déguster.
Une fois ouverte, la moutarde se conserve plusieurs semaines au frais.

Portion 100 g | 94 Calories | 5,4 g Glucides | 3,2 g Lipides | 2,8 g Protéines

KETCHUP

Pelez les tomates, coupez-les en morceaux
et retirez un maximum de pépins. Déposez-les dans une casserole.
Épluchez l'ail et l'oignon, coupez-les en deux, dégermez-les
et hachez-les en petits dés.
Ajoutez-les dans la casserole ainsi que tous les autres ingrédients.
Couvrez et laissez mijoter 40 minutes.
Passez la préparation au mixeur et versez dans un bocal en verre propre.
Fermez et conservez 2 semaines dans le réfrigérateur.

Pour 1 pot
Préparation : 15 min
Cuisson : 40 min

10 cl de vinaigre de cidre

8 belles tomates mûres

2 cuil. à soupe de sucre en poudre

1 oignon rouge

1 gousse d'ail

1/4 de cuil. à café de cumin en poudre

1/4 de cuil. à café de mélange 4-épices

Sel, poivre

Portion 100 g

25 Calories

4,1 g Glucides

0,2 g Lipides

0,6 g Protéines

BOISSONS GOURMANDES

Pour 3 bouteilles
Préparation : 5 min

Eau 1

1 1/2 citron jaune

6 fraises
(ou framboises)

2 tiges de menthe

Eau 2

1 1/2 citron jaune

3 cm de gingembre

1/2 pomme
granny-smith

Eau 3

1 orange

1 citron vert

2 belles tranches
d'ananas

TRIO D'EAUX PARFUMÉES

Rincez tous les ingrédients.

Pour la première bouteille : coupez le citron en quartiers, puis chaque quartier en deux ou trois selon la taille du goulot de la bouteille/carafe. Coupez les fraises en deux ou en quatre. Séparez les feuilles de menthe des tiges. Placez tous les ingrédients dans la bouteille/carafe et couvrez d'eau. Placez au frais.

Pour la deuxième bouteille : coupez le citron en quartiers, puis chaque quartier en deux ou trois selon la taille du goulot de la bouteille/carafe. Épluchez le gingembre et détaillez-le en fines rondelles. Coupez la pomme en bâtonnets ou en lamelles fines. Déposez tous les ingrédients dans la bouteille/carafe et couvrez d'eau. Placez au frais.

Pour la troisième bouteille : coupez l'orange en rondelles, puis en 4 morceaux. Coupez le citron vert en tranches fines. Détaillez l'ananas en petits cubes. Placez tous les ingrédients dans la bouteille/carafe et couvrez d'eau. Placez au frais.

Conseil

Si vous utilisez une carafe, couvrez d'un film alimentaire pour éviter les transferts d'odeur.

1 Bouteille | 79 Calories | 18,2 g Glucides | 0,4 g Lipides | 1,3 g Protéines

FAT-TISANE

Rincez les feuilles de menthe.
Épluchez le gingembre, détaillez-le en petits morceaux, versez-le dans une casserole.
Rincez et coupez les citrons en deux. Récupérez le jus et versez-le dans la casserole avec l'eau.
Portez à ébullition et stoppez le feu. Ajoutez le miel et les feuilles de menthe.
Mélangez, couvrez et laissez infuser 10 minutes.
Filtrez et versez dans une bouteille ou une théière.

Conseil

Cette tisane se déguste chaude, tiède ou froide avec des glaçons !

1 Litre

168 Calories

47,8 g Glucides

2,4 g Lipides

5,9 g Protéines

Pour 1 litre
Préparation : 10 min
Infusion : 10 min

75 cl d'eau

10 à 12 brins de menthe

3 à 4 citrons jaunes

3 cm de gingembre

2 à 3 cuil. à soupe de miel liquide

Pour 1 verre
Préparation : 5 min

15 cl de boisson végétale aux amandes

150 g de yaourt grec

100 g de framboises fraîches ou congelées

2 cuil. à café de graines de chia

1 cuil. à soupe de beurre d'amande

SMOOTHIE FRAMBOISES,

amandes et graines de chia

Rincez les framboises si elles sont fraîches et déposez-les dans le bol d'un blender. Ajoutez le reste des ingrédients et mixez énergiquement, jusqu'à obtenir une belle consistance homogène, lisse et mousseuse. Versez dans un grand verre et dégustez aussitôt.

1 Verre

403 Calories

34,9 g Glucides

19,2 g Lipides

25,5 g Protéines

SMOOTHIE EXOTIQUE

Pour 1 verre
Préparation : 5 min

20 cl de lait de coco light

1 banane

1 kiwi

50 g de cubes d'ananas congelés

50 g de cubes de mangue (frais ou congelés)

Épluchez la banane et le kiwi.
Coupez-les en rondelles et déposez-les dans le bol d'un blender.
Ajoutez les cubes de fruits et le lait de coco.
Mixez énergiquement, jusqu'à obtenir une belle consistance homogène, lisse et mousseuse.
Versez dans un grand verre et dégustez frappé !

1 Verre

483 Calories

56,9 g Glucides

27,4 g Lipides

5,1 g Protéines

Pour 1 verre
Préparation : 5 min

Pour la boisson

17,5 cl de lait végétal

100 g de skyr

2 biscuits type Oréo®

1 banane congelée sans peau

1 cuil. à café d'extrait de vanille liquide

Pour le topping

1 biscuit type Oréo®

BOISSON ORÉO®

Cassez grossièrement les biscuits et placez-les dans le bol d'un blender. Ajoutez le reste des ingrédients et mixez énergiquement quelques minutes. Vous devez obtenir une belle consistance homogène et mousseuse. Décorez avec quelques éclats de biscuit et dégustez aussitôt.

1 Verre

351 Calories

55,9 g Glucides

9,8 g Lipides

13,6 g Protéines

INDEX

INDEX DES RECETTES

INDEX DES INGRÉDIENTS

Crédits photographiques

Atelier Chez Elles, sauf : **p. 4** Tatiana Morozova/Adobe Stock, **p. 9** Liddy Hansdottir/Adobe Stock, p. 10 Vectorvstocker/Adobe Stock, **p. 11** (gauche et droite) Vectorvstocker/Adobe Stock, **p. 12** alfaolga/Adobe Stock, **p. 14** Olga Che/Adobe Stock, **p. 15** Ljupco Smokovski/Adobe Stock, **p. 16** (femme buvant de l'eau) vectortatu/Adobe Stock, **p. 16** (corps composé d'eau) macrovector/Adobe Stock, **p. 17** (bouteille) DN6/Adobe Stock, **p. 17** (verre) Andrey Kuzmin/Adobe Stock, **p. 18** rattikankeawpun/Adobe Stock, **p. 19** (bette) Brad Pict/Adobe Stock, **p. 19** (pomelo) Leonid Nyshko/Adobe Stock, **p. 19** (champignon) gitusik/Adobe Stock, **p. 19** (melon) M.studio/Adobe Stock, **p. 19** (groseille) oxie99/Adobe Stock, **p. 19** (carambole) Coprid/Adobe Stock, **p. 19** (papaye) Xavier/Adobe Stock, **p. 19** (céleri) zcy/Adobe Stock, **p. 19** (navet) Brad Pict/Adobe Stock, **p. 19** (nectarine) Tim UR/Adobe Stock, **p. 19** (poivron vert) bergamont/Adobe Stock, **p. 19** (pêche) yvdavid/Adobe Stock, **p. 20** Africa Studio/Adobe Stock, **p. 21** (pistaches) Gresei/Adobe Stock, **p. 21** (pomelo) Leonid Nyshko/Adobe Stock, **p. 21** (melon) M.studio/Adobe Stock, **p. 21** (canneberges) kolesnikovserg/Adobe Stock, **p. 21** (fruit de la passion) kate/Adobe Stock, **p. 21** (orange) Svetlana/Adobe Stock, **p. 21** (carambole) Coprid/Adobe Stock, **p. 21** (goyave) boonchuay1970/Adobe Stock, **p. 21** (citron vert) Pineapple studio/Adobe Stock, **p. 21** (grenade) Viktar Malyshchyts/Adobe Stock, **p. 21** (papaye) Xavier/Adobe Stock, **p. 21** (noix de coco) dimakp/Adobe Stock, **p. 21** (abricot) Dionisvera/Adobe Stock, **p. 21** (prune) grey/Adobe Stock, **p. 21** (papaye des montagnes) grey/Adobe Stock, **p. 21** (raisin) Greatstockimages/Adobe Stock, **p. 21** (bigarade) Alexey Kopytko/Adobe Stock, **p. 21** (figue) Anna Sedneva/Adobe Stock, **p. 21** (nèfle) Popova Olga/Adobe Stock, **p. 21** (mûre) gertrudda/Adobe Stock, **p. 21** (pêche) yvdavid/Adobe Stock, **p. 21** (noix de macadamia) Popova Olga/Adobe Stock, **p. 23** (melon) M.studio/Adobe Stock, **p. 23** (figue) Anna Sedneva/Adobe Stock, **p. 23** (pêche) yvdavid/Adobe Stock, **p. 24** (carottes en boîte) Pixel-Shot/Adobe Stock, **p. 24** (carottes râpées) Richard Villalon/Adobe Stock, **p. 25** (houmous) tatabrada/Adobe Stock, **p. 25** (avocat écrasé) Peter Hermes Furian/Adobe Stock, **p. 25** (pommes de terre écrasées) New Africa/Adobe Stock, **p. 25** (viennoiseries) Olivier DIRSON/Adobe Stock, **p. 25** (fruits deshydratés) Lsantilli/Adobe Stock, **p. 25** (farine) ozmen/Adobe Stock, **p. 25** (chips) volff/Adobe Stock, **p. 25** (purée instantanée) Bill/Adobe Stock, **p. 25** (fruits frais) baibaz/Adobe Stock, **p. 25** (pop-corn) homydesign/Adobe Stock, **p. 26** (sommeil) topvectors/Adobe Stock, **p. 26** (régime draconien) ozmen/Adobe Stock, **p. 26** (canapé) Roi_and_Roi/Adobe Stock, **p. 26** (distractions) blankstock/Adobe Stock, **p. 26** (vienoiseries) Olivier DIRSON/Adobe Stock, **p. 26** (sport) Nataliya/Adobe Stock, **p. 26** (industriel) Nikolay/Adobe Stock, **p. 26** (personnes positives) yuuuuu/Adobe Stock, **p. 26** (personnes négatives) yuuuuu/Adobe Stock, **p. 26** (privation) fovito/Adobe Stock, **p. 26** (équilibre alimentaire) Maceo/Adobe Stock, **p. 26** (eau) Andrey Kuzmin/Adobe Stock, **p. 26** (sodas) Dmytro S/Adobe Stock, **p. 27** spaxiax/Adobe Stock, **p. 28** seralex/Adobe Stock, **p. 30** AlenKadr/Adobe Stock, **p. 32** auryndrikson/Adobe Stock, **p. 33** (lait) esoxx/Adobe Stock, **p. 33** (surgelés) New Africa/Adobe Stock, **p. 33** (conserve) Pixel-Shot/Adobe Stock, **p. 33** (crème fraiche) Fotofermer/Adobe Stock, **p. 33** (pâte à tartiner) Gresei/Adobe Stock, **p. 33** (sauces) pbnew/Adobe Stock, **p. 33** (céréales) viperagp/Adobe Stock, **p. 34** P.S/Adobe Stock, **p. 35** (merlu) womue/Adobe Stock, **p. 35** (bar) ExQuisine/Adobe Stock, **p. 35** (dinde) ange1011/Adobe Stock, **p. 35** (pommes de terre) Natika/Adobe Stock, **p. 35** (lentilles vertes) Picture Partners/Adobe Stock, **p. 36** (confiture) xamtiw/Adobe Stock, **p. 37** (baguette) K/Adobe Stock, **p. 37** (pommes de terre) Natika/Adobe Stock, **p. 37** (semoule) Liaurinko/Adobe Stock, **p. 37** (lentilles vertes) Picture Partners/Adobe Stock, **p. 38** (whey) Dmitri Stalnuhhin/Adobe Stock, **p. 38** (poisson blanc) womue/Adobe Stock, **p. 38** (spiruline) Olivier Le Moal/Adobe Stock, **p. 38** (coquille saint-Jacques) Marco Mayer/Adobe Stock, **p. 38** (seitan) Marco Mayer/Adobe Stock, **p. 38** (viande rouge) karandaev/Adobe Stock, **p. 39** (pistaches) Gresei/Adobe Stock, **p. 40** (graines de chia) Ovsianka/Adobe Stock, **p. 41** (potimarron) PIXbank/Adobe Stock, **p. 42** (sirop de datte) Viktor/Adobe Stock, **p. 42** (sucre blanc) sommai/Adobe Stock, **p. 42** (sirop de riz) Wolfgang/Adobe Stock, **p. 42** (sucre de canne) NIKCOA/Adobe Stock, **p. 42** (érythritol) Atlas/Adobe Stock, **p. 42** (stevia) Vera Kuttelvaserova/Adobe Stock, **p. 43** M.studio/Adobe Stock, **p. 80** (ail en poudre) New Africa/Adobe Stock, **p. 82** (aneth) yvdavid/Adobe Stock, **p. 87** (butternut) atoss/Adobe Stock, **p. 88** (bagel) nito/Adobe Stock, **p. 89** (ail en poudre) New Africa/Adobe Stock, **p. 90** (champignon) gitusik/Adobe Stock, **p. 90** (ail en poudre) New Africa/Adobe Stock, **p. 158** (ail en poudre) New Africa/Adobe Stock, **p. 160** (ail en poudre) New Africa/Adobe Stock, **p. 160** (citron vert) Pineapple studio/Adobe Stock, **p. 161** (ail en poudre) New Africaaneth) /Adobe Stock, p. 170 (champignon) gitusik/Adobe Stock, **p. 176** (graines de moutarde noire) amy_lv/Adobe Stock, **p. 176** (graines de moutarde jaune) Natallia

DIRECTEUR ÉDITORIAL : **DIDIER FÉRAT**
ÉDITION : **MARJORIE GOUSSU, JULIETTE STEPHENS**
RÉDACTION : **SOIZIC CHOMEL**
RELECTURE : **CARLA DOMINGUES-COSTA FARIA**
CONCEPTION GRAPHIQUE ET MISE EN PAGE : **NORD COMPO**
FABRICATION : **LAURENCE DUBOSCQ**
PHOTOGRAVURE : **NORD COMPO**

ISBN : 978-2-263-17058-4
Code éditeur : L17058
Dépôt légal : octobre 2020
Imprimé en Espagne par Macrolibros

FSC
www.fsc.org
MIXTE
Papier issu de sources responsables
FSC® C003309